Hermann Weinhauer

LANDSER IM WELTKRIEG 7

Im Bomberstrom – Mutige Piloten der Luftwaffe

verteidigen den deutschen Luftraum

EK-2 Militär

ÜBER DIE REIHE
LANDSER IM WELTKRIEG

Jeder Band dieser Romanreihe erzählt eine fiktionale Geschichte, die vor dem Hintergrund realer Ereignisse und Schlachten im Zweiten Weltkrieg spielt. Im Zentrum der Geschichte steht das Schicksal deutscher Soldaten.

Wir lehnen Krieg und Gewalt ab. Kriege im Allgemeinen und der Zweite Weltkrieg im Besonderen haben unsägliches Leid über Millionen von Menschen gebracht.

Deutsche Soldaten beteiligten sich im Zweiten Weltkrieg an fürchterlichen Verbrechen. Deutsche Soldaten waren aber auch Opfer und Leittragende dieses Konfliktes. Längst nicht jeder ist als glühender Nationalsozialist und Anhänger des Hitler-Regimes in den Kampf gezogen – im Gegenteil hätten Millionen von Deutschen gerne auf die Entbehrungen, den Hunger, die Angst und die seelischen und körperlichen Wunden verzichtet. Sie wünschten sich ein »normales« Leben, einen zivilen Beruf, eine Familie, statt an den Kriegsfronten ums Überleben kämpfen zu müssen. Die Grenzerfahrung des Krieges war für die Erlebnisgeneration epochal und letztlich zog die Mehrheit ihre Motivation aus dem Glauben, durch ihren Einsatz Freunde, Familie und Heimat zu schützen.

Prof. Dr. Sönke Neitzel bescheinigt den deutschen Streitkräften in seinem Buch »Deutsche Krieger« einen bemerkenswerten Zusammenhalt, der bis zum Untergang 1945 weitgehend aufrechterhalten werden konnte. Anhänger des Regimes als auch politisch Indifferente und Gegner der

NS-Politik wurden im Kampf zu Schicksalsgemeinschaften zusammengeschweißt.

Genau diese Schicksalsgemeinschaften nimmt »Landser im Weltkrieg« in den Blick.

Bei den Romanen aus dieser Reihe handelt es sich um gut recherchierte Werke der Unterhaltungsliteratur, mit denen wir uns der Lebenswirklichkeit des Landsers an der Front annähern. Auf diese Weise gelingt es uns hoffentlich, die Weltkriegsgeneration besser zu verstehen und aus ihren Fehlern, aber auch aus ihrer Erfahrung zu lernen.

Nun wünschen wir Ihnen viel Lesevergnügen mit dem vorliegenden Werk.

IHRE ZUFRIEDENHEIT IST UNSER ZIEL!

Liebe Leser, liebe Leserinnen,

zunächst möchten wir uns herzlich bei Ihnen dafür bedanken, dass Sie dieses Buch erworben haben. Wir sind ein kleines Familienunternehmen aus Duisburg und freuen uns riesig über jeden einzelnen Verkauf!

Unser wichtigstes Anliegen ist es, Ihnen ein angenehmes Leseerlebnis zu bieten.

Damit uns dies gelingt, sind wir sehr an Ihrer Meinung interessiert. Haben Sie Anregungen für uns? Verbesserungsvorschläge? Kritik?

Schreiben Sie uns gerne: info@ek2-publishing.com

Nun wünschen wir Ihnen ein angenehmes Leseerlebnis!

Heiko und Jill von EK-2 Militär

Im

Bomberstrom

Die deutschen Jäger sind am Ziel.

Der Bomberpulk wächst und wächst immer deutlicher heraus.

Weinberger schaut auf die Karte, die ihm auf dem rechten Oberschenkel klebt.

Sie sind circa 20 Kilometer von Stettin, der Stadt an der Odermündung entfernt.

Die Messerschmitt-Maschinen jagen aus Überhöhung von 1.000 Metern auf den Pulk zu, der sich zu einem Feuerball aus Abwehrgeschossen entwickelt.

Jeder der Flugzeugführer hat sich einen der Bomber herausgepickt und nimmt ihn aufs Korn.

Nun bricht die berühmte Minute an, in der jeder der Flieger auf sich allein gestellt ist. Eine Minute, in der dem Flugzeugführer keiner der Kameraden beistehen kann, in der sich ein tödliches Duell abzeichnet. Nach dieser Minute muss einer der Duellanten einen furchtbaren Tribut zollen – oder auch beide.

Der deutsche Flugzeugführer hält den Atem an, während seine Daumen und die Zeigefinger die Auslöseknöpfe für die Bordwaffen drücken. Die Maschine wird vom Hämmern der 20 mm-MK und den 13 mm-Maschinengewehren durchgeschüttelt. Vor wenigen Sekunden wanderte die große Feindmaschine in das Reflexvisier und der Leutnant drückte ab.

Riesengroß wie ein Scheunentor steht das Leitwerk der amerikanischen B 17 vor ihm. Er sieht, wie seine Granaten sich in die linke Tragfläche fressen und große Stücke aus dieser herausreißen. Der äußere linke Motor wird durch die Trefferserie herausgerissen und wirbelt nach hinten durch die Luft. Beinahe hätte er die Messerschmitt des Offiziers getroffen.

„Abschuss! Abschuss!", ruft er in das Funkgerät.

Für die *Fliegende Festung* vor ihm gibt es keine Rettung mehr. Wie eine lodernde Fackel kippt sie jetzt nach links weg und stürzt in die Tiefe.

„Wieder eine Boeing weniger", geht es dem jungen Luftwaffenoffizier durch den Kopf.

Da spürt Weinberger mehrere Erschütterungen in der Maschine, die nach unten wegtaucht.

Der amerikanische Heckschütze muss ihn mit einer seiner letzten Salven getroffen haben.

Die Genugtuung über den Abschuss weicht jäh dem Schrecken über die eingesteckten Treffer.

Die Augen huschen panisch über die Instrumente, die Hände verkrampfen sich schmerzhaft am Steuerknüppel.

In rasendem Tempo jagen nun Gedanken und Reflexe durch den Körper des Deutschen und eine Flut von Bildern rauscht vor seinen Augen.

Nun beginnt jedoch die Routine, die Kontrolle zu übernehmen.

Weinberger wendet den Kopf nach hinten.

Mit Schrecken sieht er, dass seine Messerschmitt einen breiten, weißen Streifen in den wolkenlosen Himmel hinter sich herzieht.

„Kühlertreffer!", durchzuckt es ihn.

Das bedeutet unweigerlich das baldige Ende des Feindflugs.

Wenn die Kühlflüssigkeit erst weg ist, dann dauert es auch nicht mehr lange, bis der Daimler-Benz 605 A überhitzt und die Kolben sich festfressen oder der Motorblock reißt.

Auf jeden Fall wird dann der Motor versagen und die Messerschmitt mit ihren 3.200 Kilogramm wie ein Stück Metall zu Boden fallen. Die Schwerkraft wird unweigerlich ihren Tribut fordern.

Weinberger atmet tief durch und versucht sich zur Ruhe zu zwingen.

Er spürt, wie sein Herz schlägt und sein Blut gegen die Schläfen presst.

„Du musst dich schnell entscheiden, musst etwas unternehmen", jagt es durch seinen Kopf und Schweiß fließt ihm von der Stirn.

Der tödlich getroffene Motor gewährt dem jungen Flugzeugführer nur noch eine kurze Galgenfrist.

Er hat nicht einmal mehr Zeit zu fluchen. Unter sich dehnt sich das graue Wasser der Ostsee aus.

Im Süden sieht er in der Ferne noch den schmalen Streifen der Küste. Im Westen sieht er einen breiten Streifen, der sich aus dem Dunst schält.

„Rügen", erkennt der Leutnant.

Weinberger schätzt die Entfernung ab. Es sind vielleicht noch 20 oder 30 Kilometer.

Zu weit, um mit gedrosseltem Motor bis dorthin zu kommen.

Also bleiben Leutnant Heinrich Weinberger nur zwei Optionen.

Er kann aussteigen oder eine Notwasserung versuchen.

Plötzlich riecht es wie ein angesengtes Bügeleisen.

Der Geruch von verbranntem Öl steigt ihm in die Nase und schwarzer Qualm wabert in die Führerkabine.

Der dünne Rauch beißt in den Augen.

Die Drehzahl des Daimler-Benz-Motors fällt.

Weinberger kann auch ganz deutlich hören, wie die Kolben des 12-Zylinder-V-Motors immer lauter an den Zylinderwänden schmirgeln.

Die endgültige Entscheidung kommt unaufhaltsam auf den Leutnant zu.

Hektisch ruft er in seinen Bordfunk: „Walküre 8 an Wotan! – Walküre 8 an Wotan – muss runter!"

„Von Wotan an Walküre 8 – Viktor Aussteigen."

Für Hauptmann Kania, den Staffelkapitän ist der Funkverkehr damit beendet. Er kann dem Leutnant nicht helfen.

Schräg aus der Sonne heraus stoßen zu allem Überfluss nun auch noch zwei P-51 Mustang herab. Sie sind Teil der Begleitjäger der amerikanischen Bomberarmada.

Leutnant Weinberger starrt auf seine Luftschraube, hört die knirschenden Geräusche hinter dem Instrumentenbrett – die Kolben fressen sich unweigerlich fest. Jeden Moment wird die Dreiblatt-Luftschraube stehenbleiben.

„Aussteigen – soll ich wirklich springen? Mitten über der endlosen Wasserfläche? Ist eine Notwasserung ungefährlicher?"

Tausend Gedanken schießen dem jungen Luftwaffenoffizier durch den Kopf.

Vor wenigen Wochen war ein Flugzeugführer einer anderen Staffel im Müritz-See ertrunken, nachdem er sich nach dem Aufschlag wohl nicht schnell genug vom Fallschirm lösen konnte.

Die schneeweiße Glocke des Schirms war für den jungen Flugzeugführer zum Leichentuch geworden.

Leutnant Heinrich Weinberger entschließt sich daher zu der gewagten Landung auf dem Wasser.

Mit einem harten Ruck stößt er den Knüppel nach vorn.

Für einen Augenblick scheint die Messerschmitt am Himmel zu heften. Dann kippt die Jagdmaschine über die Schnauze weg, dreht sich über die linke Tragfläche und stürzt in einer weiten Spirale in die Tiefe.

Der Höhenmesser zeigt 6.000 Meter – dann 5.000 Meter – beinahe scheint es so, als ob die Maschine ins Trudeln gerät.

„Schnell Gegenruder! – Korrigieren! Nur nicht ins Trudeln geraten", denkt Weinberger krampfhaft.

Mit einem sterbenden Motor, der die Luftschraube kaum noch auf 900 Touren halten kann, würde das sein Todesurteil bedeuten.

Der Zeiger des Höhenmessers wandert weiter und gibt nur noch 4.000 Meter an, dann 3.000 Meter.

Endlich hat der Leutnant die stürzende Me 109 G wieder unter Kontrolle.

Es geht unheimlich schnell.

Die Nadel des Höhenzeigers steht auf 2.000 Meter – 1.500 Meter!

Die Kabine füllt sich mehr und mehr mit Qualm.

„Brennt der Motor nun endgültig? Schnell Zündung raus!"

Ein Hustenanfall treibt dem jungen Flugzeugführer Tränen in die Augen.

Für einen Augenblick kann er den Höhenmesser nicht ablesen. Dann erkennt er verschwommen den Zeiger und die Skala mit den Zahlen.

Nur noch 900 Meter!

Mit beiden Händen zerrt er den Steuerknüppel nach hinten. Was jetzt bleibt, ist ein entnervendes Bangen, ein angespanntes Hoffen, dass die Abfangkurve reicht, um nicht wie ein Geschoss in den See zu jagen.

Noch 500 Meter!

Als ob ihm riesige Bleigewichte auf den Schultern lasten, drückt es ihn in den Flugzeugführersitz.

Noch 300 Meter – 200 Meter!

In einem einzigen, langen Schrei löst sich die Anspannung, als Weinberger aus dem Abfangwinkel heraus in den Geradeausflug steuern kann. Knappe 100 Meter über dem Wasserspiegel der Ostsee.

Das Abfangen ist geglückt.

Ein Blick auf die Geschwindigkeitsanzeige besagt 550 Stundenkilometer!

Noch reicht der Fahrtüberschuss, um das Flugzeug die paar Sekunden bis zum Aufschlag in der Luft zu halten.

„Kabinenhaube weg! – Runter mit der FT-Haube!"

Nur noch wenige Meter hoch schießt die antriebslose Messerschmitt über die grau-blauen Wellen.

„Achtung! – Jetzt!", sagt Weinberger zu sich selbst.

Er schreit vor Schmerzen auf, so hart schlägt die Unterseite der Jagdmaschine auf die Wasseroberfläche.

Instinktiv krampft er beide Hände um den Steuerknüppel und reißt ihn bis zum Anschlag nach hinten. Doch sofort wird ihm der Steuerknüppel aus den Händen gerissen.

Um ihn herum dröhnt und rauscht es. Links und rechts neben der Messerschmitt spritzt das Wasser vorbei.

Wie ein Rennboot pflügt die Me 109 das Wasser, teilt die Wellenkämme und wirft die Gischt nach beiden Seiten in breiten Fontänen hinter sich.

Zerstäubtes Wasser sprüht von den Flächenkanten in die Kabine. Der Leutnant schließt die Augen und spürt, wie die Maschine noch einmal hochspringt und gleich darauf mit lautem Knall zum zweiten Mal aufschlägt.

Plötzlich wird es ganz ruhig. Nur vorne um den Motor zischt und brodelt es – verdampfendes Wasser, das auf den heißen Motorblock trifft.

Der kritische Augenblick ist da.

„Raus – raus – so schnell wie möglich raus! Gurte weg!", schießt es Leutnant Heinrich Weinberger durch den Kopf.

Er hebt seine Hände auf den Kabinenrahmen.

„Wenn du nicht schneller machst, dann ist es aus
mit dir."

Das über drei Tonnen schwere Wrack hält sich höchstens einige Sekunden an der Oberfläche und wird dann wie ein Stein in die Tiefe sacken.

Stück für Stück sinkt sie jetzt bereits tiefer.

Das kalte Wasser der Ostsee gurgelt bereits in die offene Kabine.

Weinberger stemmt sich hoch. Er bleibt irgendwo hängen, der Fuß ist eingeklemmt. Panik steigt in ihm hoch, er ist zu keiner Reaktion fähig. Er schluckt das salzige Ostseewasser.

Entsetzen kriecht in seine Glieder. Fest presst er seine Lippen aufeinander. So stark er kann, zerrt er an seinem eingeklemmten Fuß, bis er ihn endlich frei bekommt. Wieder schluckt er Wasser. Seine Fliegerstiefel saugen sich mit dem kalten Wasser voll. Sie ziehen ihn wie Bleigewichte nach unten. Die Wasseroberfläche schließt sich über dem dunkelblonden Kopf des deutschen Flugzeugführers.

Es gelingt Weinberger endlich, den schweren, gefährlichen Ballast auszuziehen. Der junge Leutnant rudert wild mit den Armen, um wieder nach oben zu kommen.

Sein Kopf schnellt aus dem Meer und Weinberger prustet salziges Wasser aus.

„Geschafft – ich hab es geschafft!", durchfährt es ihn.

Wieder spuckt er das Salzwasser der Ostsee aus und ringt nach Luft.

Während die Beine sich in schnellem Rhythmus bewegen, tastet die eine Hand nach der Kompressionsflasche der Schwimmweste. Der Hohlraum bläht sich auf.

Ein eiskalter Schreck durchfährt ihn. Er hört durch das Plätschern und Wogen der Wellen ein leises Zischen.

Luftblasen steigen nach oben und zerplatzen an der Meeresoberfläche.

„Die verdammte Schwimmweste ist undicht!"

Verzweiflung kommt in ihm auf. Ohne Schwimmweste ist er verloren.

Im Stillen verflucht er seine Bequemlichkeit, dass er nicht den Packsack mit dem Schlauchboot übergestreift hat. Aber was helfen ihm jetzt solche Einsichten. Die einzige Hoffnung bleibt der Versuch, in Richtung Westen zu schwimmen. Es ist ein Unterfangen ohne jede reelle Chance.

Dennoch, Weinberger ist entschlossen, bis zum letzten Atemzug um sein Leben zu kämpfen.

Er wird nicht aufgeben. In schneller Hast streift er die Fliegerhose und die Lederjacke der Kombination ab. Heftig rudert er mit den Armen auf und ab. Der Körper des jungen Leutnants hebt und senkt sich in der Dünung.

Erst als er die ersten Erscheinungen von Erschöpfung spürt, erkennt er, dass er dieses Tempo nicht durchhalten kann.

Seine Arme gleiten nun deutlich langsamer nach vorn und ruhiger zieht er sie wieder nach hinten durch. In regelmäßigen Abständen legt er sich auf den Rücken und lässt sich einfach treiben.

Seine grün-blauen Augen starren zum Himmel, suchen und suchen.

Ungefähr eine Stunde ist wohl vergangen. Nur der weite blaue Himmel spannt sich über ihm.

Kein Flugzeug, kein Schiff, kein Marineboot weit und breit.

Er spürt, wie sich die Kälte des Wassers durch die Muskeln frisst, wie der Körper starr wird. Jede Bewegung wird schwerer und anstrengender. Er spürt die Erschöpfung immer stärker. Bleierne Müdigkeit steigt hoch und nistet sich hinter seine grün-blauen Augen.

Als die Sonne ins Meer taucht und immer noch kein Suchflugzeug am Himmel zu sehen ist, ist die Enttäuschung so groß wie die Erschöpfung.

Leutnant Heinrich Weinberger schwimmt und schwimmt. Die Pausen, in denen er sich einfach auf dem Rücken treiben lässt, werden häufiger und länger.

Nur noch mechanisch gehorchen ihm seine Arme und Beine. Eine Wolkenbank schiebt sich vor den Mond und verschluckt die Sterne.

Noch hämmert in seinem Kopf ein Gedanke: „Ich will überleben.“

Die Bilder seiner Eltern und seiner Verlobten erscheinen vor seinem inneren Auge.

Doch allmählich wächst die bleierne Schwere in den Gliedern.

Plötzlich legt sich ein Schleier vor die Augen des Verzweifelten. Alles rutscht unter ihm weg. Ein Fall ins Bodenlose, lautlos, sanft.

Der Kopf neigt sich zur Seite, pendelt in den Wellen.

Noch einmal zuckt die Hand des Ertrinkenden hoch, streckt sich kerzengerade und fällt zurück.

Die schäumende Gischt einer Woge spült über den leblosen deutschen Flugzeugführer.

Einige Stunden später verdrängt die Morgendämmerung die Nacht. Den ganzen Tag über suchen zwei deutsche Seeflugzeuge das Seegebiet östlich der Insel Rügen ab – vergebens.

Hauptmann Erich Kania geht auf die Baracke zu, in der sich der Gruppengefechtsstand befindet.

Er war gerade erst vor fünf Minuten gelandet. Er hält seine FT-Haube in der rechten Hand und mit der linken wischt er sich über sein verschwitztes Gesicht. Dabei streicht er sich eine Strähne seines braunen Haars von der Stirn.

Als Staffelkapitän hat er als letzter seiner Staffel mit seiner durchlöcherten Messerschmitt auf dem schmalen Landestreifen des Feldflugplatzes aufgesetzt.

Sein erster Wart hat insgesamt 26 Treffer gezählt. Ein Wunder, dass der brave Vogel das alles geschluckt hat, ohne abzuschmieren.

Sein Wart meinte, dass die Zelle auf jeden Fall ausgewechselt werden muss, aber die Staffel hätte noch zwei Zellen als Ersatz.

Es sind die Rümpfe von zwei Maschinen, deren Flugzeugführer sich nur mit Gashebel auf Notleistung vor feindlichen Jagdmaschinen hatten retten können.

Sie hetzten mit mindestens acht Minuten Notleistung mittels GM-1-Lachgaseinspritzung vor verfolgenden Mustangs davon. Das war das Todesurteil für die DB 605-Motoren, die es mit Mühe und Not zum rettenden Fliegerhorst geschafft hatten.

Der Motor von Kanias waidwundem Vogel wird dann also an einen der unbeschädigten Rümpfe gehängt.

„Erstmal sehen, wie es den anderen ergangen ist", denkt sich der Staffelkapitän, während er weiter auf die Baracke zusteuert.

Vor über einer Stunde war er an der Spitze von zehn Maschinen zum Feindflug gestartet.

Sie waren im kontinuierlichen Steigflug über die Ostsee geklettert und griffen dann dort die *Viermots* an, die Kurs auf Stettin hielten.

Es war turbulent zugegangen. Kania ließ einige Eindrücke Revue passieren.

Nach dem tödlichen Karussell mit den B 17 und P 51 konnte er gerade einmal fünf Maschinen seiner Staffel wieder aufsammeln.

Zusammen sind sie dann wieder zum Feldflugplatz geflogen.

Was mit den restlichen Maschinen geschehen war, das würde er gleich vom Kommandeur erfahren.

Sicher war nur, dass es Leutnant Weinberger erwischt hatte.

Während er den freien Platz vor dem Gefechtsstand überquert, sieht er eine Gruppe von Flugzeugführern rauchend zusammenstehen und reden. An ihren Gesten und Bewegungen erkennt der mittelgroße Hauptmann, dass auch sie den letzten Einsatz auswerten.

„Sei es ihnen gegönnt. Dieser Tag ist für sie überstanden. Sie haben den Feindflug lebendig hinter sich gebracht", denkt sich der Staffelkapitän bei ihrem Anblick.

Als der Hauptmann auf ihrer Höhe ist, hört er, wie sie mit aufgeregten Worten berichten, wie sie die tödlichen Minuten hinter sich gebracht haben.

Andere stehen wortlos daneben. Sie sind zu erschöpft, um zu reden, stehen noch völlig unter dem Eindruck der harten Erlebnisse. In den Gesichtern aller sind aber die Strapazen der vergangenen Luftschlacht sichtbar. Die meisten Flugzeugführer versuchen mit Zigaretten ihre noch immer angespannten Nerven zu beruhigen.

In der Gruppe sieht er auch einige seiner Männer.

Mit raschem Blick sieht Hauptmann Kania Leutnant Amboldt, Oberfeldwebel Gollnick, Unteroffizier Schlüter, den Obergefreiten Lausch, Unteroffizier Hegenbarth, Feldwebel Bäcker und Unteroffizier Lehmann.

„Sieben", denkt sich Kania. „Zwei fehlen also. Leutnant Weinberger und Oberleutnant Plahl."

Düster zieht es durch seine Gedanken: „Plahl, den alten Fuchs soll es erwischt haben? Einer der ältesten und erfahrensten Flugzeugführer der Gruppe. Er war doch schon in Russland und Italien dabei. Hat die Übermacht über dem Landekopf von Nettuno überlebt."

Kania und Plahl kennen sich seit das Geschwader ins Reich verlegt wurde, um in der Reichsverteidigung gegen die amerikanischen Bomberpulks mitzuwirken.

„Vielleicht hätte ich ihn noch nicht wieder fliegen lassen dürfen", frisst es sich nun durch die Gedankengänge des Hauptmanns.

Plahl wurde im Verlauf der letzten zwei Monate insgesamt drei Mal abgeschossen.

Es war ein Absprung mit dem Fallschirm und zwei Bauchlandungen.

Bei einer dieser Notaktionen hatte sich seine Messerschmitt überschlagen und die Kabine hatte den weichen Acker wie ein Pflug durchfurcht. Doch der verstärkte Holm hatte glücklicherweise gehalten.

Schwere Gehirnerschütterung – vier Wochen Bettruhe war die Diagnose.

Doch das hatte Plahl nicht davon abgehalten, die Bettruhe auf eigene Verantwortung zu verkürzen.

Er hätte sich jedoch darüber im Klaren sein müssen, dass mit einer schweren Gehirnerschütterung nicht zu spaßen ist.

Jagdflieger sind in der Regel jedoch nicht zimperlich. Nach nur fünf Tagen hatte Plahl sich stillschweigend aus dem Krankenrevier abgesetzt und stand auf einmal wieder auf der Matte.

Als der verantwortliche Stabsarzt dies spitz bekam, gab es ein riesiges Donnerwetter.

Nach einigem hin und her Diskutieren, musste sich der Stabsarzt jedoch geschlagen geben.

Allerdings gab er schriftlich zu den Akten, dass er jegliche Verantwortung für gesundheitliche Folgen ablehne.

Ein Pfundskerl wie beinahe alle Flugzeugführer seiner Staffel – unberechenbar und eigenwillig.

Einer der Flugzeugführer entdeckt nun den Hauptmann.

„Der Chef ist da!", macht er die anderen auf den Staffelkapitän aufmerksam.

Die Gespräche verstummen augenblicklich. Die Männer gehen mit schnellen Schritten auf Kania zu.

„Leutnant Amboldt vom Feindflug zurück. Ich melde den Abschuss einer Boeing. Bei einer zweiten Maschine Treffer – deren Wirkung nicht festgestellt werden konnte."

„Oberfeldwebel Gollnick vom Feindflug zurück – Abschuss einer Boeing."

Nacheinander machen sie alle ihre Meldung – scheinbar teilnahmslos und mit geübter Routine.

Nur derjenige, der diese Männer kennt und mit ihnen bereits mehrfach durch die Hölle geflogen ist, erkennt, dass hinter den Meldungen so etwas wie ein Aufatmen steckt.

Die jungen Männer sind froh, wieder einmal dem Tod entronnen zu sein.

Jeder Flug gegen ein feindliches Bomberpulk ist ein Spiel um Leben und Tod.

Man ist glücklich, wenn man es einigermaßen heil überstanden hat.

Zeigen muss man es ja nicht. Die Angst vor dem Grauen, dem man begegnet war, behalten die jungen Luftwaffensoldaten besser für sich.

Sie verdrängen es, bis es beim nächsten Einsatz wieder an die Oberfläche drängt und damit aus dem Unterbewusstsein hochsteigt – sich wie ein Kloß im Hals festsetzt und den Flugzeugführern beinahe die Luft zum Atmen abschnürt.

Es ist ein ungeschriebenes Gesetz. Alles andere würde nicht in das Bild eines deutschen Jagdfliegers passen, welches von der Propaganda gemacht wird.

Der Hauptmann hört seinen Männern genau zu.

Die Maschine von Unteroffizier Hegenbarth wurde komplett durchlöchert, kam gerade noch zum Platz. Der Obergefreite Lausch hat einen Begleitjäger, eine P 47 Thunderbolt abgeschossen.

Feldwebel Bäcker gelang diesmal kein Abschuss, aber dafür konnte Unteroffizier Lehmann zwei Gegner vom Himmel holen. Die erste Boeing, die er abschoss, stürzte in einer langen Spirale mitten durch einen Bomberpulk und kollidierte dabei mit einer zweiten *Fliegenden Festung*.

Unteroffizier Schlüter gelang es, eine B 17 in Brand zu schießen, doch er konnte das Feindflugzeug nicht weiter beobachten, da er danach von zwei Mustangs angegriffen wurde, die aus etwa 500 Metern Überhöhung auf ihn herabgestürzt kamen.

Am Rande der Gruppe steht der schmächtige Unteroffizier Sternhoff. Er flog am Ende der Staffelformation und kam gar nicht erst dazu die Bomber anzugreifen, sondern wurde sofort in einen Luftkampf mit den Begleitjägern verwickelt.

„Wo ist denn Rosenau?", fragt der Hauptmann.

Sein Blick erforscht die Augen seiner Untergebenen.

„Ist in der Baracke im Gruppengefechtsstand", meint Leutnant Amboldt.

In Kanias Gesicht löst sich die Spannung und die Starre um seine schmalen Lippen.

„Na, Gott sei Dank!"

Erleichterung macht sich in seinem Gesicht breit und er atmet erleichtert durch.

„Ihr könnt im Kasino auf mich warten. Ich komme auch gleich. Will nur schnell mal schauen, was es Neues gibt."

Während Hauptmann Kania auf die Baracke zugeht, um dem Kommandeur den Einsatzbericht seiner 3. Staffel zu überbringen, schlendern die anderen Flugzeugführer zum Kasino.

„Eine Runde!", ruft Leutnant Amboldt zum Gefreiten herüber, der hinter der Theke alle Hände voll zu tun hat.

„Sofort, sobald ich die Vorherigen bedient habe", erwidert dieser trocken.

Die Flugzeugführer der zwoten und vierten Staffel hatten sich nach dem Feindflug zügig in die Kantine verzogen und wollen nun ihren Durst löschen.

Nach über einer Stunde Feindflug hinter dem heißen DB 605-Motor mit 35,7 Litern Hubraum und der sengenden Sonne auf der Plexiglashaube haben die Luftwaffensoldaten einen riesigen Durst.

Nach einiger Zeit kommt der Gefreite nun endlich zur Gruppe um den Leutnant geeilt.

„Sieben Kognaks?", erkundigt sich der Kantinen-Gefreite bei den Flugzeugführern.

„Nein, sechs. Unser Küken verträgt keine harten Sachen", gibt Leutnant Michael Amboldt lachend zurück und zeigt dabei auf den Obergefreiten Martin Lausch, der tatsächlich weder Alkohol trinkt noch raucht. Eine wahre Seltenheit unter den Jagdfliegern.

„Ich nehme einen Orangensaft", erwidert der junge Luftwaffen-Obergefreite selbstbewusst.

Nach kurzer Zeit stehen die Getränke auf dem Tisch der Gruppe.

„Auf ein Überleben in der nächsten Runde", prostet Leutnant Amboldt seinen Kameraden zu und stößt mit ihnen an.

„Auf ein langes Leben und eine hohe Pension!", erwidert Feldwebel Franz Bäcker lachend. „Heute du, morgen ich. Heute Weinberger und morgen Bäcker. Wer weiß das schon."

Mit einem Schluck leert der Feldwebel das Glas.

Die Ungewissheit über das Schicksal des Kameraden nagt an den Nerven der Männer.

Amboldt schaut Bäcker an.

Ist es im Spaß gemeint oder im Ernst?

„Hat einer von euch gesehen, wie Weinberger abgeschossen wurde?", erkundigt sich Amboldt.

Sie schütteln alle mit den Köpfen und heben die Schultern.

Nur der kleine Lausch hatte die Maschine von Leutnant Weinberger noch einen kurzen Augenblick gesehen, aber dann aus den Augen verloren.

„Genaues konnte ich nicht sehen, aber er hatte noch eine *Fliegende Festung* abgeschossen. Der Alte hatte ihn noch angewiesen, dass er aussteigen soll. Aber ob er es gemacht hat, dass weiß anscheinend nur er selbst. Wer steigt schon gern in solch einer Höhe aus?"

Die Luftkämpfe mit den feindlichen Bombern spielen sich meist in Höhen zwischen 7.000 und 8.000 Metern ab. Daher ist das Aussteigen mit dem Fallschirm für die Flugzeugführer ein einziger Alptraum.

Der Sauerstoffgehalt ist in einer Höhe über 5.000 Meter zu gering. Wenn die Flugzeugführer den Fallschirm zu zeitig öffnen, dann sind sie erstickt, noch ehe sie unten ankommen.

Daher müssen sie sich nach dem Aussteigen auf mindestens 5.000 Meter durchfallen lassen. Oder man bleibt in seiner getroffenen Maschine so lange sitzen, bis man gefahrlos aussteigen kann. Nicht jeder hat die Nerven für diese Optionen. Denn immerhin kann man auch vorher von einer Explosion in Stücke gerissen werden.

„Vielleicht hat ja die Bodenleitstelle noch einen Funkspruch von ihm erhalten und weiß über sein Schicksal Bescheid", gibt Oberfeldwebel Gollnick zu bedenken.

„Wenn er in dieser Höhe den Fallschirm geöffnet hat, dann hatte er keine Chance. Das ist reiner Selbstmord", meint Unteroffizier Hegenbarth und wiegt seinen Kopf hin und her.

Der Obergefreite Lausch nickt stumm und nippt an seinem Glas Orangensaft.

Urplötzlich hat er wieder das Bild im Kopf, die tödliche Gefahr, als er von mehreren P 51 gejagt wurde und er sich in einem eleganten Abschwung nach unten stürzte – Sturzflug in Volllast in einem waghalsigen Winkel.

Die amerikanischen Verfolger waren anscheinend so verblüfft, dass sie die Verfolgung abbrachen.

Doch einer der Verfolger war ihm auf den Fersen geblieben bis zum Fliegerhorst. Dort wurde er jedoch von der Vierlingsflak abgeschossen.

Nun ist es Feldwebel Bäcker, der eine Runde spendiert.

„Lange halten wir diesen Hexentanz nicht mehr durch", meint dieser gedankenverloren. „Wie sollen wir auf Dauer diese hohen Verluste ausgleichen? Von der zwoten Staffel sind heute fünf nicht zurückgekehrt – und der Ersatz von den Jagdschulen ist bereits verheizt bevor man ihn überhaupt richtig kennenlernt. Die überleben meist ein oder zwei Einsätze und danach kann der Alte den Angehörigen einen Trostbrief schreiben. Zum Kotzen ist das."

„Rosenau", macht nun Schlüter die anderen auf den Ankömmling aufmerksam und zeigt zur Tür.

Der drahtige Oberleutnant strebt zielsicher dem Tisch zu, an dem die Flugzeugführer der dritten Staffel sitzen.

„Zwei Schlagzeilen! Zunächst einmal vermutet die Bodenleitstelle, dass Weinberger notgewassert ist.

Von Parow aus sind bereits zwei Suchflugzeuge der Küstenflieger gestartet. Es besteht also eine gewisse Chance, dass man Weinberger aus dem Teich fischt", beginnt er zu erzählen und erweckt so das Interesse seiner Kameraden.

„Und die andere Schlagzeile?", erkundigt sich Amboldt neugierig.

„Von der Ergänzungsgruppe kommen heute Abend drei neue Kameraden rein. Die Kabelaffen am Fernschreiber haben mitgeteilt, dass gestern Abend drei Mann von Weidenau aus in Marsch gesetzt wurden."

„Na, das wäre ja zu schön, um wahr zu sein", meint Amboldt misstrauisch.

Rosenau fängt an zu lachen und schlägt sich leicht mit der flachen Hand vor die Stirn.

„Die dritte Überraschung hätte ich ja beinahe vergessen", fügt der Oberleutnant hinzu. „Vom Atlantik her zieht ein ausgeprägtes Tiefdruckgebiet südlich von Irland nach Osten. Die Vorausläufer der Schlechtwetterfront werden in der Nacht den Kanal und Westdeutschland erreichen. Das wird für uns wohl morgen einen Ruhetag bedeuten."

„Und für mich glatte 24 Stunden Schlaf", lacht Feldwebel Bäcker laut auf, gähnt danach und fügt noch hinzu: „Auf Wiedersehen, Kameraden, bis übermorgen."

Für die deutschen Jagdflieger, die über dem Reichsgebiet Tag für Tag im Einsatz gegen die immer zahlreicher werdenden Feindflugzeuge antreten müssen, bedeutet ein ausgedehntes Tiefdruckgebiet ein Geschenk des Himmels.

Schlechtwetter – das bedeutet einen Tag Ruhe vor der erdrückenden feindlichen Übermacht, vor den schweren Maschinengewehren der Fliegenden Festungen und den schnellen, wendigen Begleitjägern.

Für manchen von ihnen bedeutet es einen Tag Aufschub, eine Gnadenfrist vor dem unvermeidlichen Schicksal.

Starke Regenschauer peitschen gegen die Wände und Fenster der Kasinobaracke.

„Also von mir aus könnte es tagelang so weiter kübeln", meint Hauptmann Kania.

„Schade, dass es nun mal nicht so bleiben wird. Übrigens, meine Herren, ich lade Sie zu einer Stummfilmvorführung ein. Präsentiert wird der Abschuss einer Boeing im Detail. Eine freundliche Produktion meiner Flächenkamera."

Die Flugzeugführer gehen mit Hauptmann Erich Kania in einen Nebenraum.

Während Lausch die Barackenfenster schließt, um den Raum zu verdunkeln, legt der Hauptmann bereits den Film in den Projektor ein.

Die Alten geben sich betont locker, um zu verhindern, dass die drei Neuankömmlinge gleich zu sehr deprimiert werden.

Der Eindruck einer niederdrückenden Stimmung muss um jeden Preis vermieden werden. Angst und Unsicherheit sind schlechte Voraussetzungen für einen Start zum ersten Feindflug.

Der Projektor surrt. Feldwebel Bäcker, Unteroffizier Hegenbarth und der Gefreite Lausch schauen voller Spannung auf die flimmernde Leinwand.

Der Dokumentarfilm eines Abschusses rollt ab.

Zuerst ist nur ein unscharfes Flimmern zu sehen. Dann ziehen weiße Kondensstreifen durch das Bild – Kondensstreifen der zahlreichen *Viermots*.

Es kostet den Zuschauern einige Anstrengung, um die kleinen Punkte vor den Kondensstreifen auszumachen. Doch plötzlich werden die winzigen Gebilde rasch größer. Ein Punkt wächst wie von einem Teleobjektiv herangezogen in ein riesiges Ausmaß.

Eine *Fliegende Festung* wandert aus der linken Ecke auf die Bildmitte zu.

Die Kanzel in der Rumpfspitze blitzt für einen Augenblick in der Reflexion der Sonnenstrahlen auf. Dann zuckt es mitten in der Rumpfnase. Kleine Flammentupfer sprühen über die Kanzel, wandern wie geisternde Flammenzungen über den Rücken des Mittelrumpfs.

Ein gleißender Blitz. Die Rumpfspitze der Boeing wird von einer Explosion zerrissen. Die linke Tragfläche montiert ab. Ein dunkler Fleck wandert zur rechten Ecke.

Trümmer fliegen umher – Abschuss!

„Das war es", meint Kania in die Dunkelheit des Raums hinein.

Lausch öffnet wieder die Läden der Barackenfenster.

Die Neuen sehen sich scheu um, neugierig, welche Reaktionen sich in den Gesichtern der anderen spiegeln.

Einer der neuen Flugzeugführer steht noch vollkommen unter dem Eindruck, wie schnell so ein Abschuss vonstattengeht.

„Sieht sich müheloser an, als es in der rauen Wirklichkeit ist", durchbricht Kania das Schweigen.

„Leider vermittelt der Film kaum einen Eindruck von dem Blei, das einem selbst um die Ohren fliegt. Nach der Landung hatte ich 24 Treffer in der eigenen Maschine!"

Immer noch prasselt heftiger Regen gegen die Scheiben. Amboldt hat sich der Neuzugänge angenommen.

„Ist zwar kein Zuckerschlecken, aber wenn man schön dranbleibt, dann kann nichts passieren. Bloß nicht auf eigene Faust zuviel wagen. Der Kampf mit den *Fliegenden Festungen* will gelernt sein", doziert der Leutnant.

„Wie viele Angriffe werden denn in der Regel geflogen?", erkundigt sich der Gefreite Thielemann.

„Was hat man euch denn auf der Jagdschule beigebracht?", mischt sich nun die Stimme von Oberleutnant Rosenau ein.

„Zwei bis drei", entgegnet Thielemann prompt.

„Na, dann, junger Freund, dann mach aber schon mal dein Testament", lacht Rosenau laut auf.

„Die Praxis sieht aber ein wenig anders aus als die Theorie, die euch die Etappenhengste anscheinend beibringen. Sieh lieber zu, dass du nach dem ersten Angriff nicht abplatzt und den Anschluss behältst. Die Zeiten haben sich gründlich geändert. Nach dem ersten Akt ändert sich rasant das Bühnenbild. Im zweiten Akt des Dramas folgt die Auseinandersetzung mit den Begleitjägern."

Rosenau merkt, wie jemand ihm unter dem Tisch gegen das Schienbein tritt.

„Nun mach die Jungs mal nicht kirre", unterbricht Kania den Oberleutnant.

„Er übertreibt natürlich wie so oft", meint der Hauptmann beschwichtigend.

„Wir fliegen gewöhnlich einen Angriff, nur selten einen zweiten. In der letzten Zeit bringen die Amis immer mehr und bessere Begleitjäger mit. Es kann passieren, dass wir gar nicht an einen Bomberpulk herankommen, weil die Begleitjäger uns in Luftkämpfe verwickeln. Aber macht euch mal keine Sorgen. Man wird euch so einteilen, dass ihr zwischen erprobten Kameraden gut aufgehoben seid."

Vor wenigen Minuten ist die Sonne aufgegangen. Der Himmel ist strahlend-blau, leer gefegt von allen Wolken.

Über dem Rollfeld liegt ein dünner Nebelschleier.

Der Frühnebel wird sich jedoch in der aufsteigenden Sonne bald auflösen.

Das Tiefdruckgebiet hat sich überraschend schnell abgebaut und ein breiter Hochdruckkeil schiebt sich von den Azoren nach Mitteleuropa vor.

Eine Wetterlage, aus der sich bei günstiger Entwicklung eine Hochdruckbrücke von den Azoren bis zum Ural aufbauen kann und das bedeutet schönes, warmes Sonnenwetter über eine längere Zeitspanne.

Die viermotorigen Bomber werden in Scharen kommen und mit ihnen die Begleitjäger.

Das alles verspricht ein heißer – und harter Tag zu werden.

Die Flugzeugführer begeben sich nach der Morgentoilette in die Kantine. Dort steht die unausgesprochene Frage im Raum: Wer wird den heutigen Sonnenuntergang nicht mehr erleben?

Der Krieg gönnt den Männern, die wortkarg ihr Frühstück einnehmen, keine große Atempause.

Was war schon der eine Tag? Eine ganze Woche Regen wünscht sich so mancher der Luftwaffensoldaten anstelle der lästigen Sonne.

Es wird kaum ein Wort zwischen den Soldaten gewechselt, während sie ihre Startverpflegung verzehren.

Selbst Oberleutnant Rosenau, der sonst immer einen lockeren Spruch auf den Lippen hat, ist heute sehr schweigsam.

Er schiebt sich ein Stück Schoka-Kola in den Mund. Das gehört zur täglichen Ration der Startverpflegung. Gedankenverloren kaut er auf dem Stück Schokolade herum.

Die drei Neulinge blicken hin und wieder verstohlen in die Runde.

Die ganze Situation wirkt sonderbar auf die Neuankömmlinge. Niemand der Alten ist zum Reden aufgelegt.

„Vielleicht sind hier die Sitten so, dass das Frühstück größtenteils schweigend eingenommen wird", denkt sich der Gefreite Thielemann.

„Na, dann, Jungs, bis später im Bereitschaftsraum", meint Hauptmann Kania und schiebt seine Kaffeetasse weiter zurück auf den Tisch.

Der Staffelkapitän verlässt den Speisesaal. Er springt vor der Baracke in den bereitstehenden VW Kübelwagen und fährt hinüber zum Gruppengefechtsstand.

„Geht das hier immer so wortkarg zu?", fragt der Gefreite Marx seinen Tischnachbarn Lausch.

„Wer hat so früh morgens schon große Lust viel zu reden? Ein Vogel, der früh singt, ist abends von der Katz gefressen, pflegt mein Vater immer zu sagen."

„Ich geb' euch mal einen Tipp, Jungs. Der Chef mag am Morgen keine großen Reden. Dafür aber umso lieber handfeste Sprüche am Abend. Jeder hat so seine Marotten und wir tun ihm halt den Gefallen", gibt Feldwebel Bäcker zum Besten und zwinkert verschmitzt.

Oberfeldwebel Gollnick winkt Sternhoff zu, der am anderen Ende des langen Holztisches sitzt. Neben ihm steht der Volksempfänger.

„He, schalt mal den Kasten ein, Gustav. Aber bitte was Vernünftiges. Versuch mal den Sender Calais rein zu bekommen."

Die Neulinge schauen sich verwundert an.

„Das ist doch ein Feindsender! Der wird doch von der BBC betrieben!“, schießt es Thielemann durch den Kopf.

„Keine Bange“, meint Leutnant Amboldt und legt dem Gefreiten seine große, prankenartige Hand auf die Schulter.

„Wir lassen uns vom Tommy schon nicht verhexen. Aber flotte Musik spielen die Brüder nun einmal und das muntert unsere tapferen Herzen auf. Ein Geheimtipp der dritten Staffel, versteht sich!“

Wenig später brechen sie auf und schlendern leichtfüßig zur Bereitschaftsbaracke.

Aus den Lautsprechern, die über dem Eingang der Baracke hängen, ertönt Schlagermusik.

Die Lautsprecher sind an die Sprechanlage des Gruppengefechtsstandes angeschlossen.

Hin und wieder wird die gespielte Musik durch Befehle oder Anweisungen unterbrochen.

Oberleutnant Rosenau geht zusammen mit Thielemann, Marx und Esser zu den Boxen am nahen Waldrand. Er zeigt den drei Neulingen ihre Maschinen und erklärt ihnen noch einige grundlegende Sachen des Verbandsflugs und des wohl bald erfolgenden Einsatzes.

Amboldt, Bäcker, Hegenbarth und Lausch vertreiben sich die Zeit mit einer ordentlichen Runde Skat.

Lehmann und Sternhoff spielen Tischtennis. Schlüter liegt in einem Sonnenstuhl und döst vor sich hin. Er hat die beneidenswerte Fähigkeit, in beinahe jeder Position schlafen zu können, ganz egal ob im Stehen, Liegen oder Sitzen. Bei den anderen Flugzeugführern hat er deshalb den Spitznamen *Siebenschläfer*.

Bis 9.15 Uhr können sich die Flugzeugführer ihren eigenen Gedanken hingeben oder sich von ihnen ablenken.

Dann plötzlich verstummt die Musik aus den Lautsprechern und es erfolgt eine Durchsage: „Dicke Autos jetzt südlich von Osnabrück, Kurs 270 – Sitzbereitschaft!"

Die Skatkarten der vier Spieler fliegen auf den Tisch. Die Tischtennisschläger werden auf die Platte gelegt.

„Nachher spielen wir aber den Satz zu Ende! Ich führe schließlich!", meint Lehmann und klopft mit der Faust auf die Platte, „Toi, toi, toi."

Keiner der beiden denkt in diesem Augenblick daran, dass dieses Spiel vielleicht niemals zu Ende gespielt werden wird. Wer möchte denn schon den Zweifel zu stark werden lassen, dass man vielleicht nicht mehr vom Feindflug zurückkehrt.

Die Flugzeugführer gehen zu den Boxen, kleine Einschläge am Waldrand, in denen die Messerschmitt-Maschinen splittersicher untergestellt sind. Außerdem gewähren sie eine gute Tarnung gegen Sicht aus der Luft.

Ein Sprung auf die Tragfläche und dann in Hocke in die offene Kabine. Die Warte reichen den Flugzeugführern die Anschnallgurte. Die Luftwaffensoldaten zurren sie locker über die Schwimmwesten. Obwohl es diesmal nicht geplant ist über die Ostsee zu fliegen, haben die meisten Flugzeugführer eine übergezogen – man kann ja nie wissen.

Die Minuten während der Sitzbereitschaft, die sich immer ewig hinziehen, sind eigentlich immer die schlimmsten. Die Anspannung und Nervosität steigern sich ins Unermessliche.

Selbst die größten Asse unter den Jagdfliegern, die die Titelseiten der Illustrierten schmücken, fühlen dieses beklemmende Gefühl vor dem Start.

Es sind Minuten, in denen jeder der Flugzeugführer mit sich und seinen Gedanken allein ist.

Jeden Augenblick kann vor der Baracke, in welcher der Gruppengefechtsstand untergebracht ist, die Leuchtkugel hoch zischen, die das Zeichen zum Start gibt.

Noch sind die Kabinendächer hochgeklappt. Die Warte stehen auf den Flächen. Die Kurbeln stecken in den Anschlusswellen der Schwungkraftanlasser.

Hauptmann Erich Kania – 26 Jahre, bisher 35 Abschüsse, alle an der Westfront – sitzt ebenfalls in seiner Maschine.

Noch vor zwei Jahren saß er in einer Heinkel He 111 und griff die feindlichen Truppen und die Infrastruktur an. Teilweise flog er mit seiner Besatzung bis in die Region Gorki, um dort Rüstungsindustrie anzugreifen.

Dieses Kapitel ist jedoch für den jungen Luftwaffenoffizier endgültig vorbei.

Er war zur Jagdfliegerei gewechselt, hatte auf die Messerschmitt Me 109 umgeschult und war seither über Frankreich und dem Reichsgebiet im Einsatz.

Seit dieser Zeit hatte sich der junge Hauptmann in erbitterten Luftschlachten im Westen gegen die viermotorigen Bomber und deren Begleitjäger nach oben gekämpft. Die 35 Luftsiege innerhalb dieser Zeit gegen einen qualitativ mindestens gleichwertigen und quantitativ weit überlegenen Gegner sind beinahe einmalig. Als Anerkennung dieser Leistung trägt er daher auch das Ritterkreuz des Eisernen Kreuzes um den Hals. Sollte es für den 26jährigen so weitergehen, dann würde wohl bald der nächste Orden warten.

Hauptmann Kania wendet den Kopf.

Er legt die Fliegermütze hinter den Sitz, streift die Kopfhaube über und drückt den Halteknopf des Kehlkopfmikrophons zu.

Draußen jault der kleine Dackel Streuner und strampelt auf den Armen eines Wartes.

Der kleine Hund möchte seinem Herrchen am liebsten auf den Schoß springen und mitfliegen.

Aber Kania winkt nur zu ihm herüber und lächelt. Dabei hat er eine braune Holzpfeife locker im Mundwinkel, aus der bläulich-grauer Rauch kräuselnd nach oben steigt.

Jeder der Flugzeugführer hat so seine Marotten.

Hauptmann Kania braucht vor dem Fliegen seine Pfeife und oftmals hat er die erkaltete Pfeife auch beim Fliegen im Mund.

Er lässt sich den kleinen fidelen Dackel kurz in die Kabine reichen, streichelt ihn und gibt ihn wieder in die sichere Obhut seines ersten Wartes. Der kleine schwarzbraune Dackel jault nun jedoch noch lauter als zuvor. Er ist heute scheinbar überhaupt nicht zu beruhigen.

Auch Oberleutnant Rosenau sitzt in seiner Maschine. Er hat das Funkgerät auf Empfang gestellt.

„Achtung – dicke Autos in Hanni 7.500 – jetzt fast in Höhe des Harzes, drehen auf Kurs 115 Grad – voraussichtlicher Zielraum – Merseburg – Leipzig! Achten Sie auf Leuchtzeichen zum Start! Achtung – Achtung – Startbefehl!"

Mit mechanischen, tausendfach geübten Handgriffen zieht Rosenau die Anschnallgurte fester. Der Wart stemmt sich mit beiden Händen in die Kurbel. Der Schwungkraftanlasser beginnt zu surren, tourt schneller und schneller.

Zündung rein – der Anlasser rastet in die Verriegelung und reißt die Kurbelwelle mit. Das Gemisch zündet, die Kolben knattern auf und ab, bläulicher Rauch wird aus den Auspuffstutzen gestoßen.

Die Luftschraube beginnt sich zu drehen.

Das Kabinendach wird runter geschoben und verriegelt, Gas mit Gefühl rein. Ein letztes Winken zu den beiden Warten, die der Staubfahne halb den Rücken zukehren und zurückwinken.

Wenige Meter hinter dem Staffelkapitän rollt Oberleutnant Rosenau zum Start.

An der Kopfseite des ausgedehnten Rollfeldes stellen sich die Maschinen der dritten Staffel auf. Von hier starten sie im Verbandsstart je vier Flugzeuge gleichzeitig.

Der Oberleutnant muss sich anstrengen, um etwas zu sehen. Die Grasnarbe auf der Rollstrecke ist spärlich.

Bei trockenem Wetter wirbelt der kräuselnde Luftstrom der drehenden Luftschrauben den feinen Bodenstaub auf.

Rosenau muss unweigerlich an seine Einsätze in Nordafrika denken.

Damals war er noch Feldwebel.

Nun ist er Oberleutnant und kann 19 Abschüsse aufweisen.

Bei seinem 15. Luftsieg noch in Nordafrika, wurde er selbst abgeschossen, konnte aber aussteigen. Danach musste er einen 7monatigen Lazarettaufenthalt über sich ergehen lassen. Dann hatte man ihn zum Fluglehrer ausgebildet. Doch auf Dauer war es ihm zu langweilig und er bat um eine erneute Frontverwendung. So kam er schließlich zur Reichsverteidigung.

Der verdiente Offizier sollte bereits ein paar Mal zu einem Staffelführerlehrgang abkommandiert werden, doch Rosenau hatte sich jedes Mal beharrlich geweigert. Selbst bei einem persönlichen Gespräch mit Hauptmann Kania, hat Rosenau seine Beweggründe für seine Entscheidung nicht genannt.

Er ist der Meinung, dass seine Beweggründe niemand anderen etwas angehen. Er ist nun einmal nicht auf eine schnelle Karriere aus, sondern fliegt aus persönlicher Motivation heraus.

Außerdem hat ihm die Verantwortung für andere bisher nur Ärger bereitet.

Rosenau ist halt ein Einzelgänger, der Verantwortung nicht mag und am liebsten auf sich allein gestellt ist.

Der Oberleutnant schiebt den Gashebel nach vorn.

Um kurz vor halb zehn hebt die letzte Messerschmitt der dritten Staffel ab.

Ganze zwölf Maschinen hat die Staffel. Mit den drei anderen Staffeln kann die Gruppe ganze 43 Jäger gegen den Feind schicken, dazu kommen noch die Maschinen des Stabsschwarms.

Zu viert nebeneinander donnern die Flugzeuge über das Rollfeld und heben ab. Vier Minuten dauert es, bis alle 47 Messerschmitt vom Boden weg kommen.

An der Spitze fliegt der Kommandeur mit dem Stabsschwarm. Links davon formieren sich die erste und zwote Staffel sowie die vierte Staffel.

Die dritte Staffel geht rechts vom Stabsschwarm in Position.

„Achtung – *Viermots* in Heinrich – Cäsar!", knarrt die Durchsage von der Bodenstelle aus den Hörmuscheln der FT-Hauben.

Die Gruppe klettert höher und höher, 500 Meter, 1.000 Meter immer in einer weiten Schleife.

„Achtung, neue Durchsage – Hanni der dicken Autos zwischen 7.000 und 7.400 – Caruso ändern auf 90 Grad. Fliegen Sie Angriff aus der Sonne!"

Die Gruppe steigt weiter – 4.000 Meter, 5.000 Meter – weitersteigen.

Die Nadel des Variometers tanzt an die Grenze der Steigmöglichkeit. Es gibt kaum noch Zweifel. Die Amerikaner haben es diesmal auf den Raum Leipzig und Umgebung abgesehen.

Die Maschinen steigen auf 6.000 Meter. Längst haben die Flugzeugführer die Sauerstoffmasken vor den Gesichtern befestigt.

Die Bodenleitstelle gibt erneut eine Kursänderung des Bomberverbandes durch.

Nun kommt sogar eine Überraschung. Der Verband der *Viermots* teilt sich auf. Während die eine Gruppe auf 60 Grad einschwenkt, dreht die andere Gruppe fast auf Südkurs. Immer wieder gehen die Amerikaner zu neuen Angriffstaktiken über, um die deutschen Abfangjäger zu irritieren. Sie lassen die Bodenleitstellen möglichst lange über die vermuteten Ziele im Unklaren. Die ständigen Kursänderungen machen eine Voraussage über das Angriffsziel bis kurz vor dem Abwurf der Bomben unmöglich.

Mehr als 8.000 Meter unter ihnen sehen die Flugzeugführer nun die Region um Halle-Merseburg – die Leuna-Werke!

Der zahlenmäßig stärkere Feindverband versucht seine tödliche Bombenlast über diesem kriegswichtigen Industriekomplex abzuladen.

Deutlich zeichnen sich die Bomberpulks am Himmel ab.

Es ist unmöglich, sie zu zählen. Eine Riesenschar glitzernder Rümpfe. Ein majestätisches Flugzeug, diese Boeing B 17. Ein hochragendes Seitenleitwerk, vier mächtige Wright-Cyclone 9-Zylinder Sternmotoren mit je 1.215 PS Leistung, aerodynamisch beinahe ausgereift.

Dennoch, so elegant und majestätisch diese Luftarmada auch scheinen mag, so tödlich ist sie jedoch auch für hunderte, vielleicht sogar tausende unschuldige Menschen, wenn aus den Bombenschächten Sprengstoff und Phosphor herabregnet.

Kanias Blick wandert über das Armaturenbrett. Der Höhenmesser zeigt 8.400 Meter. Nun schweift sein Blick rund herum. Er schätzt die Lage ab, bevor er sich für eine günstige Angriffsposition entscheidet.

Von dieser Entscheidung hängt viel ab, wenn nicht sogar alles – Erfolg oder Misserfolg des Feindflugs.

Jeder einzelne Angriff ist eine taktische Operation, die genau überdacht sein will – eine Gleichung mit mehreren Unbekannten. Eine Unbekannte davon ist der feindliche Begleitschutz.

Der Blick Kanias wandert stetig hin und her, doch die Begleitjäger sind nirgends zu sehen.

Ein Stein fällt dem Hauptmann vom Herzen. Weit und breit kein Feindjäger, keine Mustang, Lightning oder Thunderbolt.

Das bedeutet grünes Licht für ein Duell zwischen den deutschen Abfangjägern und den *Fliegenden Festungen.*

Ein Duell, bei dem sich beide Seiten nichts schenken werden.

Die Uhr am Armaturenbrett zeigt wenige Minuten vor zehn. Jede Sekunde, die vergeht, verringert die Distanz zwischen den Gegnern. Die Spannung wächst.

Der Stabsschwarm schwenkt in eine enge Kurve nach links auf Angriffskurs. Die Schwärme der Staffeln unterschneiden, gehen wieder auf Position. Für den Augenblick entsteht der Eindruck eines Chaos, wenn die Knäuel von Messerschmitt-Jägern kreuz und quer durcheinander quirlen.

Aber es ist ein planmäßiges und eingeübtes Manöver, hundertfach im Verbandsflug durchexerziert.

Mit der Genauigkeit eines präzise laufenden Uhrwerks nehmen die Staffeln ihre Angriffspositionen ein, fächern sich in eine seitlich abgestufte Reihe wie ein Schwarm von Zugvögeln.

„An alle Kraniche: Pauke-Pauke – Horrido!"

Nur noch drei Minuten vor 10. Der Kommandeur neigt die Motorpartie mit einem kurzen Ruck nach unten. In flachem Winkel jagen die vier Me 109 G des Stabsschwarmes als erste auf einen Bomberpulk zu.

Die Luftschlacht beginnt.

Hauptmann Kania überblickt noch ein letztes Mal die Situation.

Der Gruppenkommandeur weiß, was er will. Er hat den Gruppenverband in eine günstige Position manövriert und den Angriff von Südosten angesetzt.

Die Angreifer haben die Sonne im Rücken. Ein Vorteil für die Messerschmitt-Jäger, ein Nachteil für die amerikanischen Bordschützen, denn sie müssen gegen die blendende Sonne zielen.

Ein nicht zu unterschätzender Nachteil.

Der Hauptmann blickt schräg nach links. Blitzschnell orientiert er sich über die Position seiner Männer.

Dicht aufgeschlossen hängen sie hinter ihm.

Im ersten Schwarm, den er selbst anführt, sind es Unteroffizier Lehmann, Feldwebel Bäcker, Gefreiter Esser.

Den zweiten Schwarm führt Oberleutnant Rosenau mit Unteroffizier Sternhoff, Oberfeldwebel Gollnick und dem Gefreiten Thielemann.

Den dritten führt Leutnant Amboldt mit dem Obergefreiten Lausch, Unteroffizier Schlüter, dem Gefreiten Marx und Unteroffizier Hegenbarth.

Fläche an Fläche rast der Staffelverband beinahe frontal auf den feindlichen Bomberverband zu.

Nur ganz dünn sind die Lichtränder des Leuchtvisiers zu erkennen. Für einen kurzen Augenblick wird die Aufmerksamkeit des Hauptmanns abgelenkt. Dort drüben brennt schon ein Bomber.

Doch Kania hat keine Zeit, das weitere Schicksal der getroffenen Boeing zu verfolgen.

Er konzentriert sich auf einen Pulk von 24 B 17, die in 100 Meter Überhöhung rechts von dem Spitzenpulk fliegen, der gerade vom Stabsschwarm und der ersten Staffel angegriffen wird.

Mit deutlichem Geschwindigkeitsüberschuss wandert die *Viermot*, die auf der Außenseite den Pulk anführt, auf ihn zu. Den nach links gestaffelten Maschinen der dritten Staffel bleibt so genügend Spielraum, um sich Ziele auswählen zu können. Fast ist man geneigt, einfach wahllos in einen dermaßen massierten Pulk mächtiger Flugzeuge hineinzuhalten. Die Geschoßgarben können nicht fehlgehen. Einen dieser Bomber mit Leitwerken wie Scheunentoren muss es einfach treffen.

Doch ein solches Durcheinander kann man sich nicht leisten. Ein Angriff ohne System würde zu einem furchtbaren Durcheinander führen, das jeden Erfolg in Frage stellen müsste.

Vorbei sind die Zeiten, in denen man in freier Jagd nach eigenem Gutdünken und in eigenem Stil mit dem Gegner kämpfen konnte.

Seit die amerikanischen Massenverbände wie Hornissenschwärme auftauchen, hat man sich etwas anderes einfallen lassen müssen. Planlose Attacken hatten bei hohen eigenen Verlusten geringe Erfolge gebracht.

Deshalb war man dazu übergegangen, den rudelweise auftauchenden Feindpulks mit größeren Verbänden geschlossen zu begegnen. Man flog Angriffsreihen in Staffelstärke, mehrere Staffeln in Angriffswellen hintereinander.

Kania korrigiert ganz leicht das Seitensteuer. Die Rumpfnase seiner Messerschmitt wandert ein wenig nach rechts. Geringfügig hebt er den Bug der Me 109 an, rast wie ein Pfeil auf die Boeing Flying Fortress zu.

Kanias Maschine ist noch 800 Meter entfernt – noch 700 Meter.

Noch immer rührt sich keinerlei Abwehr im Pulk.

Rasend schnell verringert sich die Distanz zwischen Jäger und Bomber.

Die Geschwindigkeiten summieren sich, weil sie mit Gegenkurs aufeinander zujagen.

Kania spürt, wie ihm das Herz bis zum Hals schlägt. Wie ein gigantischer Urvogel wächst der viermotorige Feindbomber ihm entgegen.

Der lange, schlanke Rumpf der Boeing gleicht einem Torpedo. Deutlich hebt sich der Geschützturm auf der Rumpfoberseite ab und wie kräftige Schwingen eines Raubvogels die großen Tragflächen mit den vier Sternmotoren.

Da ist es wieder, das ekelhafte Gefühl, das Kania immer verspürt, wenn er sich auf eine der *Fliegenden Festungen* stürzt. Seltsam ist diese abscheuliche Empfindung, die bei einem Luftkampf mit Feindjägern von ihm noch registriert wird. Nur gegen die Viermotorigen muss er die aufkeimende Nervosität in sich niederkämpfen. Diese unbeschreibliche Angst, die so lange dauert, bis ein Druck auf die Knöpfe am Steuerknüppel die Bordwaffen auslöst. Dann ist sie wie weggewischt, diese Furcht vor dem Ungewissen. Diese Sekunden sind die schwersten des Einsatzes. Der Kampf zwischen Angst und Wille entscheidet in Bruchteilen von Sekunden über Leben und Tod, über entschlossene Reaktion oder Versagen, über Erfolg oder Ende eines Jagdfliegers.

Noch 600 Meter!

Plötzlich eröffnet der Bordschütze in der Bugkanzel das Feuer. Nun fegen auch Geschossgarben aus dem

Turm auf der Rumpfoberseite auf die deutschen Jagdmaschinen zu.

Es ist für Kania immer wieder erstaunlich, wie viele Eindrücke das menschliche Auge innerhalb einer Sekunde wahrnehmen kann, wie viele Gedanken innerhalb eines Wimpernschlags durch den Kopf schießen.

Dennoch ist man komplett im Augenblick gefangen.

Die Bordschützen der Boeing sind anscheinend alte Hasen, denn sie lassen sich nicht aus der Ruhe bringen, drehen nicht durch und zielen genau.

Kania weiß genau, dass Anfänger das Abwehrfeuer bereits auf 1.000 Meter und mehr eröffnen. Diese jedoch haben gewartet – das macht sie umso gefährlicher.

Kania ahnt, dass seine Chancen, dieses Duell unbeschadet zu überstehen gering sind.

Diese Ahnung macht ihn hellwach, lässt seine weit geöffneten Augen starr werden.

Die Leuchtspuren des Abwehrfeuers zischen in Flammenfäden vorbei – rechts, links, oben, unten – überall. Wie glimmende Pfeile zischen die Geschosse aus den schweren Maschinengewehren des Gegners. Lichtblitze, die Tod oder Verwundung bedeuten.

Hauptmann Erich Kania hat plötzlich Mühe zu atmen. Er schluckt, bis sich der erstickende Krampf im Hals löst. Wie eine Feuerwalze brandet ein Hagel von Geschossen an der Kabine vorbei. Eine Kugel hat die Aluminiumhaut der rechten Tragfläche auf der Oberseite aufgeschlitzt. Einen Streifen wie von einem Büchsenöffner aufgerissen.

Die Me 109 schießt auf die Boeing zu.

Kania zuckt zusammen. Im gleichen Augenblick hämmern seine Bordwaffen los. Der Daumen drückt sich auf dem Auslöseknopf fest, der Zeigefinger presst sich gegen den Auslöser der Maschinengewehre.

Die Maschine zittert unter den Rückstößen der Bordwaffen. Der Geruch des verbrannten Pulvers macht sich in der Kabine breit. Er reizt Schleimhäute und Bronchien. Kania muss unweigerlich husten.

Er sieht den Blitzen nach, die aus den Mündungen der Bordwaffen gegen die Boeing geschleudert werden.

Wie in Zeitlupe schieben sich die Fäden der Leuchtspurgeschosse an die *Fliegende Festung* heran.

Der Hauptmann stoppt kurz den Feuerstoß. Dann drücken sich die Daumen und Finger wieder zu. Neue Garben lecken aus den Mündungen.

Bis in die Fingerspitzen hacken die Rückstöße der Bordwaffen.

Die Messerschmitt ist nur noch 400 Meter entfernt.

Treffer! Treffer!

Der rechte Außenbordmotor der Boeing spuckt eine Stichflamme aus.

Schlagartig löst sich der Krampf in der Brust des Hauptmanns.

Wie an einer Zündschnur läuft das Feuer von dem getroffenen Motor zum Innenmotor.

Ein Aufblitzen – ein gleißender Feuerball zerreißt die B 17.

Noch 200 Meter.

Kania rast auf den Platz zu, aus dem nach allen Seiten Trümmer geschleudert werden.

Es bleibt keine Zeit zum Überlegen.

Instinktiv reißt er den Steuerknüppel nach hinten. Die Kraft reicht nicht, er nimmt beide Hände, zerrt und zerrt. Die beiden Füße stemmt er in die Trittflächen der Seitenruder.

Mitten durch den Trümmerregen fegt die Maschine zwischen wirbelnden Bruchstücken von Rumpf, Tragflächen und abgerissenen Motorblöcken.

Plötzlich dreht sich die Me 109. Erst in diesem Augenblick registriert der Hauptmann etwas, was er während des Angriffs flüchtig wahrgenommen, aber in der Anspannung des Angriffs verdrängt hatte.

Wie ein Blitz durchfährt es ihn.

„Vorhin, der blecherne Knall. Kurz nachdem ich selbst das Feuer eröffnet hatte."

Die Messerschmitt schüttelt sich. Es geschieht alles so plötzlich, dass der Hauptmann ein paar Sekunden braucht, um die letzten Zweifel auszulöschen.

Irgendetwas ist passiert. Die Maschine lässt sich nicht mehr unter Kontrolle halten. Nun schießt sie wie ein Pfeil in einer engen Spirale nach oben. Wie von einer Sturmbö gepackt, kreist sie um die Längsachse und verliert schnell ihren Fahrtüberschuss.

Ein Flugzeug ist in einer solchen Situation wie ein angeschossener Vogel. Es bäumt sich gegen das Unabwendbare auf.

Die rechte Hand des Hauptmanns krampft sich um den Steuerknüppel, die linke tastet nach dem Gashebel.

„Gas raus!", denkt Kania.

Die Fahrt lässt so schnell nach, dass Kania genau verfolgen kann, wie die Messerschmitt langsam nach links dreht, mit der Nase vornüber kippt und sich wie auf einem Karussell dreht – einmal, zweimal.

Dann fängt sie sich, trudelt ganz flach um sich selbst und rutscht über die linke Fläche ab.

Alle Versuche scheitern. Es gelingt Hauptmann Erich Kania nicht, das abstürzende Flugzeug zu stabilisieren.

Seine Augen weiten sich, huschen über die Instrumente, bis sie am Höhenmesser hängenbleiben.

Der zeigt 6.000 Meter!

Hauptmann Kania schüttelt den Schock ab. Er gibt sich keinerlei Illusionen mehr hin.

„Ich stürze ab – Sie schafft es nicht mehr, sich zu stabilisieren. Meine Maschine dreht sich immer schneller."

Alles dreht sich in diesem Augenblick mit – Himmel-Erde-Himmel-Erde!

Der Metallleib des abstürzenden Flugzeugs vibriert und knackt in Fugen und Spanten.

Kania schließt die Augen. Als er sie gleich darauf wieder öffnet, purzeln draußen Erde und Himmel in schnellem Wechsel an der Kabinenscheibe entlang.

Mit aller Kraft stemmt sich der Hauptmann gegen die Trittplatten der Seitenrudersteuerung. Die linke Hand drückt den Gashebel vor. Der Motor jault auf.

Die Stahlnuten sirren unter der Spannung, als ob sie jeden Moment abplatzen wollten.

Ein mächtiger Druck reißt ihm den Steuerknüppel aus der rechten Hand. Kania muss nachfassen. Es gelingt ihm nicht, den Knüppel nach hinten durchzuziehen.

Übermächtig zerrt die Luftströmung an den Rudern.

Der Drall der Luftschraube windet die Messerschmitt in eine Wechseldrehung. Die Motorschnauze ruckt hoch, die Maschine bäumt sich aus der Trudelbewegung auf.

Die Nadel des Höhenmessers zeigt 3.000 Meter.

„Weg mit der Atemmaske."

Die künstliche Beatmung ist nun überflüssig.

Feuchter Schweiß klebt an der Stirn, verdunstet und gibt das Gefühl eines kühlen Eisbeutels.

Die Messerschmitt hat sich gefangen und schert in flachem Sturzwinkel nach links.

Der Knüppelhebel lässt sich wieder nach hinten schieben.

Ein harter Ruck.

Eine Bö scheint das Flugzeug mit unermesslicher Gewalt zu packen. Der Motor stottert, setzt aus, holt Atem, blubbert ein paar Mal.

„Gas raus – Gas rein!"

Die Kolben hämmern sofort wieder los.

Das Gesicht des Hauptmanns ist schweißüberströmt und vor Anspannung verzerrt.

Seine weißen Zähne graben sich in die beinahe blutleeren Lippen. Die Augen sind eng zusammengekniffen und gleichen kleinen Punkten.

Ein Zittern schüttelt ihn vom Kopf bis zu den Füßen. Die Waden werden stumpf, verlieren jedes Gefühl.

Der Höhenmesser zeigt 2.000 Meter.

Der Kopf schmerzt, hämmert zum Zerplatzen.

Der Hauptmann fühlt plötzlich, dass er überreizt ist, überreizt bis zur Grenze der Belastbarkeit. Lange hält er diese Anspannung nicht mehr aus.

Schlagartig reißt das Zittern in den Armen und Beinen ab. Er spürt wieder die Waden, das Gefühl kehrt zurück.

Die Erde gleitet wie eine schiefe Ebene unter der Me 109 G hinweg. Rechter Hand blitzt für Sekunden das blaue Band eines Flusses auf. Endlich liegt die zerrupfte Messerschmitt waagerecht in der Luft. Sie bebt jedoch beängstigend.

In solchen Minuten erkennt der Mensch, wie stark er eigentlich am Leben hängt. Auch Kania will leben, will zurückkehren auf die sichere Erde. Nichts ist dem Hauptmann im Moment ferner als der Tod.

Kania zieht den Gashebel zwei Finger breit zurück.

Sein Blick liegt auf dem Höhenmesser – 1.500 Meter.

Er sieht nach rechts – Wald, Flusswindungen, ein paar Höhenzüge und Taleinschnitte, tief eingegrabene Linien.

Kania atmet tief durch. Der atemberaubende Sturzflug ist endgültig vorbei.

Nun schmeckt er auch wieder das kalte Mundstück seiner Tabakpfeife. Ohne Rücksicht darauf, dass sie kaputt gehen könnte, spuckt er sie aus und lehnt den Kopf etwas an die Lehne.

Ein plötzlicher Knall lässt den Staffelkapitän zusammenzucken.

Wie ein Hammerschlag überrascht es den unglücklichen Flugzeugführer, der sich schon gefreut hat, dass seine Maschine doch durchgehalten hat und er nicht dem ersten Instinkt folgend ausgestiegen war.

„Das Leitwerk montiert ab!", schießt es Kania durch den Kopf. „Raus – nichts wie raus!"

Die linke Hand findet den Abwurfhebel des Kabinendaches. Kania zerrt daran. Der Hebel gibt nach.

„Weg mit den Anschnallgurten! Um Himmels Willen! Nein – Nein, das kann doch nicht sein!"

Das Kabinendach fliegt nicht weg.

Die Verriegelung klemmt. Der Sturz beschleunigt sich. Daran ändert auch nicht, dass der Hauptmann den Gashebel auf Leerlaufstellung zurückzerrt.

Kania stemmt beide Hände mit voller Kraft gegen das Kabinendach. Er keucht. Vor Anstrengung treten die Adern an den Unterarmen und am Hals hervor. Er schreit – ballt die Fäuste und schlägt mit voller Wucht verzweifelt gegen das Glas.

Die Kabine ist zu einem Gefängnis geworden, zu einem engen Sarg aus Metall.

Die Nadel des Höhenmessers wandert unweigerlich nach unten: 500-200-100-50 Meter.

Niemand hört den verzweifelten Schrei des Todgeweihten.

Dem Blitz des Aufschlags folgt der Donner einer ohrenbetäubenden Detonation. Der Druck der Explosion schleudert die Trümmer in weitem Umkreis über einen Wiesenhang.

Rund 200 Meter entfernt stehen die Häuser eines kleinen Dorfes. Die Leute eilen zur Unglücksstelle. Zu helfen gibt es jedoch nichts mehr.

Ein schwarzer Krater in weitem Umkreis von Trümmern übersät – ein blutverschmierter Stofffetzen, ein Stück Fliegerstiefel mit einem abgerissenen Fuß.

Einige Kinder fangen an zu suchen, bis einer der Erwachsenen sie davon scheucht. Er sieht beim Weggehen etwas schwach reflektieren und hebt es auf, befreit es vom oberflächlichen Staub.

„Ein Eisernes Kreuz oder so etwas", denkt sich der ältere Mann.

Es war das Ritterkreuz von Hauptmann Erich Kania.

Nicht eine Sekunde lässt Unteroffizier Joachim Lehmann die Me 109 seines Staffelkapitäns aus den Augen. Er fächert seine Messerschmitt zwei, drei Meter nach links, um etwas mehr Bewegungsfreiheit zu gewinnen.

Der Abstand von dem links von ihm fliegenden Feldwebel Bäcker lässt genug Raum, um diese Manöver auszuführen, ohne dass dadurch die Angriffsposition des Staffelverbandes durcheinandergerät.

In diesem Augenblick wippt die Tragfläche von Kanias Messerschmitt nach oben. Dann legt der Hauptmann die Maschine mit einem brüsken Ruck waagerecht.

Die Schnauze von Kanias Flugzeug neigt sich nach vorn. Der Angriff beginnt.

Der Blick des Unteroffiziers, der bisher unverwandt auf die Maschine gerichtet war, wandert feindwärts. Langsam drückt er die Rumpfnase seiner Me 109 nach unten und rast auf den Bomberpulk zu. Unteroffizier Lehmann fliegt diesen Einsatz nicht so unbesorgt wie sonst. Zu stark wühlt in ihm die Erinnerung. Vor nicht ganz einer Woche war er bei einem Angriff durch die Feuerwelle der Abwehrgarben gejagt. Beim Abdrehen nach dem Angriff hatte eine Geschossgarbe den Motor getroffen. Eine Stichflamme war aus dem Triebwerk geschossen, ein stickiger Gluthauch hatte ihm den Atem genommen. Er war ausgestiegen. Der Fallschirm hatte ihm das Leben gerettet. Zum Glück war er unverletzt geblieben. Geblieben war aber ein Schock, der tiefer sitzt, als er es selbst wahrhaben möchte.

Unteroffizier Lehmann fliegt noch nicht lange in der Reichsverteidigung. Es ist sein achter Einsatz. Obwohl er stolz darauf ist und sich wie ein alter Hase fühlt – nach einem ungeschriebenen Gesetz unter den Jagdfliegern zählt man nach fünf glücklich überstandenen Einsätzen gegen die viermotorigen Bomber nicht mehr als Neuling – fehlt ihm noch die Kaltschnäuzigkeit und die Routine.

Lehmann wollte ursprünglich überhaupt nicht zur Jagdfliegerei. Er hatte sich immer gewünscht als Flugzeugführer eines Fernaufklärers seine Einsätze zu fliegen.

Leider war dieser Wunschtraum ein Traum geblieben. Der Kriegsverlauf setzte eben andere Prioritäten und es wurden eben mehr Jagdflieger und weniger Fernaufklärer benötigt.

So war der 23jährige Westfale über drei Stationen zu den Jagdfliegern gekommen, nachdem er in Reims auf FW 190 Jagdbomber und in Paris-Orly auf Hs 129 als Schlachtflieger geschult worden ist.

Als dann infolge der schleppenden Produktion nicht genug Hs 129 zur Verfügung standen, wurde er zusammen mit einer Gruppe anderer Flugzeugführer ohne

Verwendung zur Lehreinheit Jagdgeschwader 106 in Lachen-Speyersdorf versetzt. Von dort aus hatte ihn das Schicksal über eine Ergänzungsgruppe zur dritten Staffel verschlagen.

Schon bei seinem ersten Einsatz hatte Lehmann erkannt, dass er in einem Himmelfahrtskommando flog. In der Reichsverteidigung kam es letztendlich nicht mehr nur auf fliegerisches Können und schnelles Reaktionsvermögen an, sondern man benötigte auch eine gehörige Portion Glück.

Unteroffizier Lehmann drückt nun den Steuerknüppel um Millimeter nach vorn, um einen steileren Neigungswinkel zu finden.

Lehmann hatte schon ein paar Mal versucht, von den anderen Flugzeugführern zu erfahren, wie es ihnen während des Angriffs geht. In ihm steigt jedes Mal die Angst bis in sein Hirn und übernimmt jedes Handeln und Denken.

Bei dem einen Kameraden ist er nur auf eine Mauer des Schweigens gestoßen, bei anderen merkte er sehr schnell, dass sie mit Übertreibungen oder Herunterspielen der Gefühle ihre Angst zu kaschieren versuchten. So bewahrt jeder einzelne auf seine Art das Geheimnis darüber, was er in der Minute vor und während des Angriffs empfindet.

Er sieht den Bomberpulk, nimmt sich eine der B 17 als Ziel und blickt durch den Kreis des Reflexvisiers.

Leuchtspurfäden kommen direkt auf ihn zu und scheinen förmlich nach ihm zu greifen.

Die Abwehr der *Viermots* schießt aus allen Rohren. Lehmann spürt, wie es ihm heiß unter die Haut kriecht. Der Schweiß bricht aus allen Poren, rinnt über die Stirn. Unheimlich erscheint ihm plötzlich die Ruhe in der Kabine. Nur das gleichmäßige Zischen des Sauerstoffgemischs ist mit jedem Atemzug zu hören.

Der Bomber wächst von unten in den Leuchtkreis des Revis. Die ersten Garben hämmern aus den Rohren der Messerschmitt.

Um Haaresbreite vorbei. Lehmann zwingt sich zur Konzentration. Ein kleiner Druck im Seitenruder und die Me 109 schiebt eine Flächenlänge nach rechts.

Instinktiv wendet der Unteroffizier den Kopf, um sicher zu sein, dass er den schräg hinter ihm auf Position fliegenden Bäcker nicht behindert. Als er den Bomber wieder im Visier sucht, ist er überrascht, wie groß der Riesenvogel in den Leuchtkreis hineinwandert. Die Flächen wachsen über den Lichtrand hinaus.

Verdammt schnell, viel zu schnell geht das alles. Man fliegt bei so einem Frontalangriff nicht nur gegen den Feind, sondern vor allem gegen die Zeit.

Eine neue Feuerwelle aus Abwehrgeschossen schlägt ihm entgegen. Beschuss aus einer B 17 mit ihren 12-13 Browning-MG im Kaliber 12,7 Millimeter hat eine abschreckende Wirkung. Im Bomberpulk summiert sich dieses Abwehrfeuer durch die Vielzahl der weiteren Bomber.

Aus einer B 17 eines überhöht fliegenden Nachbarpulks zischt ihm ebenfalls Feuer entgegen.

Ganz deutlich sieht Lehmann die Kanzel am Rumpfende. Wie zwei Stacheln ragen die schweren, schwenkbaren Maschinengewehre aus dem großen Bullauge des Geschützstandes. Dicht unter dem Spantenleitwerk spucken ebenfalls Leuchtspurgarben.

Lehmann zuckt zusammen, das Blut schießt ihm in den Kopf, hämmert wild gegen seine Schläfen. Das ist die Sekunde, in der man am liebsten abdrehen möchte. Man ist eine Zielscheibe, kann in lähmender Hilflosigkeit nur hoffen, dass man Glück hat. Das berühmte Quäntchen Glück entscheidet, ob man noch einmal davon kommt.

Es gibt nur eine Möglichkeit – die Flucht nach vorn, mitten durch die Hölle.

Die B 17 spuckt aus allen Rohren. Ein schwerfälliger Riese, der sich gegen einen gefährlichen Zwerg mit aller Macht zur Wehr setzt.

Die Distanz verringert sich schnell. Dennoch scheint eine kurze Strecke endlos lang, wenn diese Geschossfäden nach einem greifen. Nur für einen selbst rollt es plötzlich zu schnell ab, wenn man zum Schuss kommt. Man rast mit über 1.000 Stundenkilometern aufeinander zu.

Die zweite Garbe jagt aus den Rohren der Me 109.

Es sind noch 300 Meter – 200 Meter.

Lehmann feuert aus allen Rohren. Die beiden 13 mm-MG 131 und die 20 mm MK 151 hämmern los. Die Messerschmitt zittert unter den Feuerstößen. Wie Perlenschnüre ziehen die Leuchtspurgeschosse ihre Bahn.

Unteroffizier Joachim Lehmann sieht, wie die Garben unter dem Bomber hindurch ziehen, nach oben wandern und schräg über den Rumpf hüpfen.

Einmal, zweimal blitzt es auf.

„Treffer!", durchzuckt es Lehmann.

Die Finger des Unteroffiziers pressen den Steuerknüppel fester. Blitzschnell vollzieht sich das kurze Duell. Diese letzte Sekunde des Abschwungs währt aber eine Ewigkeit – eine Sekunde, die nicht enden will.

Wie ein riesiger Käfer hängt die B 17 genau vor ihm zum Greifen nahe. Ein Geschoss explodiert vor dem MG-Turm auf der Oberseite des Rumpfes und reißt ein riesiges Loch. Die Kuppel des Turmes splittert. Von der hohen Seitenflosse wirbeln Blechteile weg.

Unteroffizier Lehmann taucht unter der angeschossenen B 17 hindurch. Er sieht, wie aus einem der vier Motoren eine breite schwarze Rauchfahne quillt. Er meint für den Bruchteil einer Sekunde das Entsetzen im Gesicht des Heckschützen zu erkennen. Um Haaresbreite hätte er das Leitwerk der Boeing gerammt.

Ein scharfer Tritt ins Seitenruder. Mit beiden Händen packt er den Knüppel und stößt ihn nach vorn in die linke Ecke.

Wenige Meter huscht er unter dem dunklen Schatten hindurch.

Die Messerschmitt dreht in einer Rolle auf den Rücken, schwingt ab und richtet sich in einer engen Parabel wieder auf, um mit dem Fahrtüberschuss und Vollgas wieder die Überhöhung für einen zweiten Angriff zu gewinnen.

Rechts von dem Pulk soll sich die dritte Staffel nach dem ersten Angriff wieder sammeln, um einen zweiten Angriff zu fliegen.

Der Höhenmesser zeigt 7.000 Meter – 7.500 Meter – 8.000 Meter!

In einer weiten Rechtskurve sucht Lehmann während der Spirale den Luftraum ab.

„Nichts – Keine Spur vom Staffelkapitän", denkt sich Lehmann dabei. „Wo ist Hauptmann Kania?"

„Weißer Rabe an Nummer Eins – frage Position."

Keine Antwort.

Weißer Rabe ist der Rufname der dritten Staffel. Nummer Eins ist die Bezeichnung für den Staffelkapitän.

Unteroffizier Lehmann wiederholt den Ruf.

Vergebens. Es ist auch schwierig, in dem aufgeregten Kauderwelsch vieler Stimmen etwas zu verstehen.

Mindestens drei oder vier Flugzeugführer reden aufgeregt durcheinander. Obwohl absolute Funkstille für die Dauer des Einsatzes angeordnet ist, halten sich nicht alle daran.

Die Spannung, die Aufregung, die Notlagen sind dann stärker als der beste Vorsatz.

„Abschuss – Abschuss!", schreit jemand.

Dann ein gellender Schrei.

Unteroffizier Lehmann hängt in gut tausend Meter Abstand auf gleicher Höhe mit dem Bomberpulk. Es hat wenig Sinn, diesen Pulk zu überholen und zu einem neuen Angriff einzuschwenken. Allein wäre so etwas sowieso reiner Wahnsinn.

Man muss mit einem Schwarm angreifen, um das Abwehrfeuer der Bomber-Bordschützen zu verzetteln, sonst zieht man das MG-Feuer mehrerer Schützen auf sich und so etwas steckt keine Maschine so einfach weg.

„Ist der Hauptmann angeschossen worden?", überlegt Lehmann.

Aber er hatte nichts dergleichen beobachten können.

Doch war er auch zu sehr mit sich selbst beschäftigt. Eines weiß er jedoch. Wenn es den Staffelkapitän erwischt hat, dann ist die Staffel zerplatzt. Dann wird der zweite Angriff von den einzelnen Schwärmen auf eigene Faust geflogen.

Der Unteroffizier drosselt die Drehzahl des DB 605-Motors.

Da schneidet rechts eine Me 109 unter ihm hindurch.

Zwanzig Meter entfernt sieht er Feldwebel Bäcker. Der Randbogen der linken Tragfläche ist aufgeschlitzt. Der Feldwebel winkt und kurvt nach rechts weg. Da taucht noch eine Messerschmitt auf. Es ist die Nummer Vier. Das ist also der Gefreite Esser, einer der Neuen. Er klebt wie eine Klette hinter der Me 109 des Feldwebels.

Vollgas!

In einer gerissenen Steilkurve verringert Lehmann den Abstand zu den beiden anderen und setzt sich hinter den Gefreiten Esser.

Die Luftschlacht ist in vollem Gange. Kurvende Jäger, feuernde *Viermots*. Leuchtspurgarben kreuzen sich wie flammende Blitze bei einem mächtigen Gewitter.

Rauchfahnen, verwehende Qualmfetzen der getroffenen und abstürzenden Flugzeuge beider Seiten.

Ein Inferno der Hölle.

Feldwebel Bäcker behält die Me 109 des vor ihm fliegenden Unteroffiziers Lehmann im Auge.

Angriff!

Für einen kurzen Augenblick spürt er die Beklemmung, welche die Brust einschnürt.

Seine Rumpfnase kippt nun nach vorn.

Bäcker sucht sich ein Ziel. Er nimmt das Gas ein wenig zurück. In einem flachen Winkel stößt die *Gelbe Drei* auf einen der viermotorigen Bomber hinab.

Der Feldwebel lässt sich von dem Stimmengewirr, das in diesem Augenblick aus der Hörmuschel der FT-Haube schallt, nicht aus der Ruhe bringen.

„Die B 17 dort, die werd' ich mir schnappen!", geht es Bäcker in diesem Augenblick durch den Kopf.

Das einzige, was ihn in diesem Augenblick fasziniert, ist die Geschwindigkeit mit der das ganze Geschehen vor ihm abläuft.

Er zielt, schießt.

Die erste Garbe liegt schlecht.

Der Feldwebel schätzt noch mal die Entfernung ab. Vielleicht 400 Meter – 300.

Bäcker zerquetscht einen Fluch zwischen den Lippen. Der erste Angriff ist ein Misserfolg.

Er will es erzwingen, schießt noch einmal. Die Entfernung beträgt vielleicht noch 100 Meter. Ein kurzer Feuerstoß streift quer über den glitzernden Rumpf. Er muss den Angriff abbrechen. Zu nahe, viel zu nahe ist die Boeing gekommen. War er zu waghalsig? Nur ein Wahnsinniger fliegt bis auf 50 Meter heran.

„Ich muss wegtauchen, unter dem Pulk hindurchjagen! Verdammt, die Staffelung in dem Bomberverband ist jetzt anders, als zu Beginn des Angriffs."

Einer der schweren Bomber hängt unter dem Pulk. Er hat Treffer abbekommen. Aus den Motoren der einen Tragfläche brodelt dicker schwarzer Rauch und quillt in einer breiten Qualmspur am Rumpf entlang in den Himmel.

Die kurze Spanne, in der sich die Entfernung zu der angeschossenen Feindmaschine verringert, lässt Bäcker nicht viel Zeit zum Erkennen. Doch eines sieht er. Dieser Bomber muss jeden Augenblick abstürzen oder explodieren. Er schiebt seine Me 109 wenige Meter an der todgeweihten Boeing B 17 Flying Fortress vorbei. Als er beinahe das Leitwerk streift, huscht ein dunkler Schatten an seiner Kabine vorbei.

„Aha, sie verlassen den brennenden Kahn!"

Zwischen der Tragfläche und dem Leitwerk ist die Messerschmitt in die Tiefe gestoßen. Nur um Haaresbreite ist er einem Zusammenstoß entgangen.

Der Feldwebel ärgert sich, weil er nur eine Garbe ins Ziel gebracht hat. Dann die brennende B 17, für eine Geschossgarbe hätte es reichen müssen.

Als er sie bemerkte, war die Entfernung noch 300 Meter. Es war einfach zu spät. Er hatte die Maschine schon zu stark in den Abschwung gedrückt.

Auch das waghalsigste Steuermanöver hätte die Me nicht mehr in einen günstigen Schusswinkel bringen können. Zehntelsekunden später hatte er alle Aufmerksamkeit darauf konzentrieren müssen, den qualmenden Riesenvogel nicht noch zu rammen.

Dennoch bleibt ein Gefühl der Enttäuschung.

Ein Blick über das Instrumentenbrett zeigt dem Feldwebel, dass er auf 7.400 Meter gestürzt ist, also Abfangen.

Das Höhensteuer reagiert sofort. Der Sturzwinkel wird flacher. Die Abfangparabel erreicht den tiefsten Punkt. Dann steigt die Jagdmaschine in steilem Winkel in den blauen Himmel. Wie eine Kerze hängt sie für einen kurzen Augenblick im Luftraum.

„Vollgas! Knüppel nach vorn!"

Die Jagdmaschine steigt wieder auf 7.900 Meter – 8.000 Meter – Geradeausflug!

Kurven, nicht zu steil, weniger Querruder, eine flache, weitausholende Spirale.

„Da fliegt eine Messerschmitt!"

Steilkurve, geradelegen, unterschneiden.

Bäcker winkt hinter der Kabinenscheibe und zeigt mit der Handfläche nach rechts. Er hat es deutlich gesehen, das ratlose Gesicht von Unteroffizier Lehmann. Dann zieht der Feldwebel steil nach rechts weg, 180 Grad.

Er drosselt für ein paar Sekunden die Drehzahl der Luftschraube auf 1.600 Touren, um Lehmann und Esser die Chance zum Anschluss zu geben.

Von Hauptmann Kania fehlt jede Spur. Er ist weit und breit nicht zu entdecken.

Nun wird er halt den zweiten Angriff führen mit Lehmann und Esser – dem Neuling.

Er schätzt die Entfernung zu dem am nächsten fliegenden Bomberpulk.

Der ist 2.000 Meter, vielleicht auch nur 1.500 Meter entfernt. Die Höhendifferenz beträgt gut 500 Meter.

Die Bugspitze der *Gelben Drei* neigt sich. Die Geschwindigkeit steigert sich rasch. Deutlich hört Bäcker ein metallisches Geräusch. Sein Blick wandert schnell an der linken Tragfläche entlang. Der Randbogen ist aufgeschlitzt, eine Kugel hat sie wohl aufgerissen. Ein Stück Randbogen flattert an einem letzten Metallfetzen im Windstrom.

„Soll ich den Angriff besser abbrechen?", fragt sich Feldwebel Joachim Lehmann.

Er entscheidet sich für das Gegenteil.

Der Gefreite Esser kann die Erregung nicht unterdrücken. Er mag sich noch so anstrengen, es gelingt ihm nicht.

„Ich darf Feldwebel Bäcker nicht aus den Augen verlieren", hämmert es immer wieder in seinem Gehirn. „Ich muss dran bleiben auf Biegen und Brechen!"

Esser findet sich in dem Getümmel aus hunderten Flugzeugen nicht zurecht. Er ist so sehr mit sich beschäftigt, dass er das Ausmaß der drohenden Gefahr nicht erkennt.

Zu viel stürmt auf ihn ein. In seinem Bewusstsein hat nur eine Vorstellung Platz – dran bleiben, den Feldwebel nicht aus dem Blick verlieren.

Bäcker drückt seine Messerschmitt in einen flachen Sturzwinkel. Sofort folgt ihm Esser.

Die Fahrt steigert sich – die Tragflächen beginnen zu rütteln.

Der Geschwindigkeitsmesser zeigt 600 – 700 Stundenkilometer und wandert weiter.

Da sitzt eine *Fliegende Festung* auf Gegenkurs.

Geschossgarben streifen rechts an Essers Kabine vorbei.

Es prasseln ein, zwei Geschosse auf die rechte Tragfläche und durchschlagen die Aluminiumhaut.

In der Luft ist plötzlich die Hölle los.

Der Daumen zuckt auf dem Knopf am oberen Ende des Steuerknüppels. Die Bordkanone poltert los. Die 20 Millimeter-Geschosse zischen in Richtung Bomber. In der Aufregung vergisst Esser die beiden MG 131 auszulösen.

Ein Sprenggeschoss zerfetzt einen Teil der Tragfläche. Das Mittelstück der großen Fläche bricht ab. Am Rumpf ragt ein Flächenstummel ins Leere. Der Bomber dreht sich um die Längsachse. Langsam, so langsam, als ob der Ablauf des Geschehens für eine Zeitlupenaufnahme verzögert werden sollte.

Für eine Sekunde hält Esser den Atem an. Fast bis in Rammnähe jagt er durch den Pulk mitten zwischen zwei Boeings hindurch. Abschwingen, in einer weiten Spirale wieder hochziehen.

Der Gefreite möchte am liebsten vor Freude jubeln. Schräg vor sich, 100 bis 150 Meter entfernt, sieht er eine Me 109.

Er zieht mit Vollgas nach, schiebt sich Meter um Meter heran.

Am Rumpf der Messerschmitt ist eine Zahl. Es ist Bäckers 109.

Zwischen den beiden huscht ein Qualmfetzen vorbei.

Jetzt erst merkt der Gefreite Esser, dass ihm der Schweiß von der Stirn über die Atemmaske rinnt und von dort abtropft.

Esser schert in einer Steilkurve die letzten Meter an Bäcker heran. Der hat ihn erkannt und winkt.

Von den anderen ist weit und breit nichts zu sehen.

Der erste Angriff ist überstanden.

„Ich bin der Hölle entkommen. Ich habe Anschluss gehalten."

Erst nach dieser Erkenntnis wird es dem Gefreiten bewusst, dass er einen Viermotorigen abgeschossen hat.

Ein großer Erfolg.

Aber stärker ist die Freude darüber, dass er den Kontakt zu dem Schwarm behalten hat.

Der Schwarm. Esser blickt sich um. Es sind nur noch drei mit ihm.

„Bäcker und ich und dort vorn ist Kania oder Lehmann. Also muss einer von beiden fehlen."

Augenblicke später gibt es keinen Zweifel mehr. Es ist nicht die Messerschmitt des Staffelkapitäns. Es ist Lehmann, der sich nun hinter die beiden hängt.

„Was ist wohl mit dem Staffelkapitän geschehen?", fragt sich Esser.

Doch zum tiefgründigen Grübeln bleibt keine Zeit. Der Gefreite braucht alle Aufmerksamkeit, um beim Kurven auf Position zu bleiben.

Einkurven zum zweiten Angriff.

Oberleutnant Rosenau nimmt ohne jede Nervosität wahr, wie sich die Entfernung zwischen ihm und dem sich frontal auf seinen Schwarm zu bewegenden Bomberpulk verringert.

Für ihn ist solch ein Angriff so etwas wie eine alltägliche Gewohnheit geworden. Er behält im größten Durcheinander einen kühlen Kopf.

Ein Blick zurück. Sternhoff, Gollnick und Thielemann fliegen genau auf Position.

Zielen – den Vorhalt ein wenig berichtigen – schießen!

Mitten in der Riesentraube der Boeings hängt der Bomber, den Rosenau angreift.

Er ist eingeengt und kann weder nach der Seite noch nach oben oder unten ausweichen.

Treffer!

Als Rosenau 100 Meter vor dem Pulk den Angriff abbricht, lodern aus beiden Tragflächen der B 17 Flammen.

Ein Körper rutscht am Rumpf entlang, ein zweiter fällt aus der Unterseite des Rumpfes in den leeren Raum. Die ausgebreiteten Arme suchen nach irgendeinem Halt. Noch einer taumelt aus der brennenden Boeing. Er fällt hinab in die gähnende Tiefe. Die Flammen lecken bis zum Leitwerk.

Der Feuerblitz einer Explosion blendet für Sekundenbruchteile die Augen des Oberleutnants.

Trümmerstücke der zerfetzten *Viermot* prallen gegen die Frontscheibe von Rosenaus Messerschmitt. Das Panzerglas hält dem Aufprall jedoch stand.

Der Oberleutnant kann nicht beobachten, welches Unheil der Trümmerregen des schweren Bombers in dem Verband anrichtet. Auf jeden Fall hat dieser Abschuss Verwirrung gestiftet.

Nun aber weg – so schnell wie möglich raus aus der Gefahrenzone!

Die Messerschmitt stürzt. Rosenaus Augen suchen den Höhenmesser. Circa 1.500 Meter unterhalb des Bomberverbands fängt er seine Maschine wieder ab und hebt die Nase der Me 109 in eine Steigspirale.

Vollgas!

Höher, immer höher über die Flughöhe der Amerikaner, bis die Überhöhung für einen zweiten Angriff reicht.

Die Augen von Unteroffizier Sternhoff wandern von der Maschine des Schwarmführers zu dem Bomberpulk, auf den sie zurasen. Er spürt, wie die Handflächen beginnen zu schwitzen. Diese Sekunde vor dem Angriff kostet immer die meiste Überwindung.

Seit drei Monaten fliegt Sternhoff als Jagdflieger. Vorher war er in einem Kampffliegerverband als Flugzeugführer in einer Heinkel He 111.

Als die Kampfverbände immer weniger wurden, kommandierte man Sternhoff, wie so viele andere auch zur Umschulung als Jagdflieger auf einer Me 109. Danach wurde Sternhoff zur dritten Staffel versetzt.

Der Unteroffizier ist sich vollkommen klar, dass er die Jagdeinsätze nur mit halbem Herzen fliegt.

Er ist mit Leib und Seele Kampfflieger und aus ihm wird nie ein Vollblut-Jagdflieger werden.

Er zieht seine ganze Motivation daraus, dass die feindlichen Bomber in ihren Rümpfen tonnenweise Tod und Verderben transportieren. Die Fracht bedeutet die Vernichtung für hunderte von unschuldigen Zivilisten und mit jedem Abschuss kann er ein, zwei oder auch drei Dutzend unschuldige Zivilisten retten, die verängstigt in einem Bunker oder Keller hocken.

Dieses Mal ist es ihnen gelungen, den Feindverband noch vor dem Erreichen des Zielgebietes zu stellen.

Sternhoff lässt seine Maschine stürzen. Er hört, wie die Kolben bei der höheren Drehzahl arbeiten. Die Geschwindigkeit wächst.

Der Blick, der eben noch über den gesamten Feindpulk gestreift ist, bleibt an einem der glänzenden Riesenvögel hängen.

Genau in der Anflugrichtung bewegt sich die B 17 auf ihn zu. Unwillkürlich zuckt der Unteroffizier zusammen, als ihm schlagartig wildes Abwehrfeuer entgegenschlägt. Im Augenblick ist es ihm, als ob er auf ein paar feuerspeiende Drachen zufliegen würde.

Er stürzt mitten durch die Feuerwand und schießt. Ganz klar sieht er die glühenden Punkte seiner eigenen Leuchtspurgeschosse. Bis in die Fingerspitzen hinein empfindet er die Stöße der Bordkanone MK 151/20 und des überschweren Maschinengewehrs MG 131.

Er unterbricht kurz den Feuerstoß und feuert wieder, als er auf 500 Meter heran ist. Durch das Leuchtvisier fixieren seine Augen den Vorhalt. Er sieht nicht mehr die Finger der Leuchtspur, die nach ihm greift. Ein heftiger Schlag schmettert gegen sein Knie. Die schmalen, zusammengekniffenen Augen weiten sich und starren erschrocken auf das zerfetzte Kniegelenk. Plötzlich schnellt ein Flammenstrahl durch die Kabine. Er züngelt über den Körper des Piloten und sengt wie ein Gluthauch Gesicht und Kopfhaube.

Die linke Hand zuckt vom Gashebel zurück und presst sich gegen die verschmorte Haut und die Augen.

Es ist stockdunkel ringsum. Sternhoff kann nichts mehr sehen. Mit einem Schlag ist es Nacht um ihn herum.

Er ist nicht bewusstlos. Er ist hellwach und begreift, was um ihn vorgeht. Er weiß, dass er schwer getroffen ist.

Die Messerschmitt dreht sich in immer schnelleren Kreisen.

Da spürt Sternhoff, wie ihm die Angst über den Rücken kriecht.

„Ich will sehen – ich muss sehen, was um mich herum geschieht!"

Fieberhaft arbeitet sein Wille gegen die unglaublichen Schmerzen an.

Dennoch gelingt es ihm nicht, die Dunkelheit zu durchdringen.

Jäh begreift der junge Flugzeugführer, dass das Schicksal erbarmungslos zugeschlagen hat.

„Meine Augen, meine Augen!", schreit Unteroffizier Gustav Sternhoff. Ein wilder, verzweifelter Schrei.

Dann bricht der Selbsterhaltungstrieb durch. Er ist entschlossen, um sein Leben zu kämpfen.

Die rechte Hand lässt den Steuerknüppel los und zerrt die Kopfhaube weg. Ein Griff zum Nothebel des Kabinenriegels, das Kabinendach wird weggeschleudert.

Der pfeifende Sog der Luftströmung reißt die Höllenglut aus der Kabine über den jungen Flugzeugführer hinweg.

Die Finger pressen sich auf die Verriegelungsspange der Anschnallgurte. Der Fahrtwind reißt die Gurte vom Körper und hämmert sie in schnellem Stakkato gegen die Rückenlehne des Sitzes. Dann merkt Sternhoff, dass er von der abstürzenden Messerschmitt losgekommen ist. Der Sog hat ihn mit hartem Ruck aus dem Sitz gerissen.

„Wie hoch bin ich?", geht es dem Unteroffizier durch den Kopf.

Die erste Betäubung des Schocks ist verflogen.

Die Geschwindigkeit des Falls steigert sich.

„Nur nicht zu früh ziehen!"

Trotz der wahnsinnigen Schmerzen, die im Kopf zu wachsen beginnen, zählt er. Jede Zahl bringt ihn näher an die 5.000 Meter, in die Zone, in der genügend Sauerstoff zur Atmung ist.

Als der Stürzende bei 20 angelangt ist, tastet seine Hand nach dem Griff des Reißzuges, stößt an den Metallbügel, greift und zerrt. Beinahe zu lange kommt es ihm vor, bis ein heftiger Ruck die Haltegurte fest an den Körper schnürt.

„Der Entfaltungsstoß!"

Erleichtert nimmt Sternhoff das zur Kenntnis. Der Schirm hat sich geöffnet. An der Seidenglocke pendelt der schwerverwundete Flugzeugführer der Erde entgegen.

Ringsum ist es still. Nur irgendwo ganz fern hört er das Singen aufheulender Motoren und das Hämmern der Bordwaffen. Doch auch das verebbt nach und nach.

Die eine Hand tastet am Körper entlang. Die Kombination fühlt sich nass an – klebriges Blut.

Er senkt den Kopf in die Tiefe und will nach unten schauen. In diesem Moment, als die Hände erneut in das dunkle Nichts greifen, wird ihm wieder bewusst, dass er blind ist.

Er kann nicht sehen, wohin der Fallschirm getrieben wird. So bleibt ihm nur übrig, in quälender Ungewissheit den Aufprall abzuwarten.

Es sind die schwersten Minuten, die er in seinem kurzen Leben durchstehen muss.

Ein harter Stoß reißt ihm die Beine unter dem Körper weg. Er rollt auf den Rücken. Der aufgeblähte Schirm schleift ihn eine Strecke durch Gestrüpp. Dann hält ein Busch den zerschundenen Körper fest.

Es kostet viel Anstrengung, den Verschluss der Fallschirmgurte zu öffnen.

Sternhoff stützt sich auf beide Ellenbogen. Er will aufstehen – schafft es aber nicht.

Der Oberkörper sackt zurück, der Hinterkopf schlägt auf den steinigen Boden auf.

Immer wieder versucht er sich aufzurichten. Es gelingt einfach nicht. Die Schmerzen im Kopf bohren immer schlimmer. Die Qualen fressen sich vom Knie aufwärts in den ganzen Körper.

Die Finger krallen sich in die Erde und pressen ein paar Kieselsteine fest gegen die Handflächen.

Ein schwarzer Schleier deckt das Bewusstsein, das Wimmern verstummt.

Eine halbe Stunde später entdeckt ein Suchtrupp den Fallschirm. Ein paar Meter weiter stoßen die Männer auf den jungen Flugzeugführer. Mit dem Gesicht zum Boden liegt er ohne Besinnung auf der Erde. Sie bergen ihn.

Später im Lazarett kommt Sternhoff sofort auf den Operationstisch.

Die Ärzte tun, was sie können. Nach einer dreistündigen Operation steht fest, dass Unteroffizier Gustav Sternhoff überleben wird. Mit ein wenig Glück wird wenigstens das linke Auge auch wieder seine Sehfähigkeit zurückerlangen.

Dennoch ist der junge Soldat von Brandwunden entstellt und weitere schwere Operationen mit Hauttransplantationen warten auf ihn.

Vorgestern hatte Unteroffizier Schlüter eine B 17 in Brand geschossen. Sie war ausgeschert und mit brodelnder Rauchfahne nach Westen abgedreht. Wegen Treibstoffmangels hatte er der angeschossenen Feindmaschine nicht folgen können.

Nun ist es wieder soweit. Man wird sich auf den Gegner stürzen. Aus allen Rohren der Feindabwehr werden einem die gefürchteten Feuerstöße der Browning-MG entgegenschlagen.

Für den Bruchteil einer Sekunde lässt sich Schlüter ablenken. Schräg vor ihm quillt ein Rauchpilz auf. Ein greller Lichtblitz, als ob eine Signalkugel in unzählige Lichtpunkte zerplatzt.

Obwohl Schlüter sich sofort wieder auf seine Maschine konzentriert, hat die Ablenkung die Katastrophe heraufbeschworen.

Den Zusammenstoß mit der Messerschmitt des vor ihm fliegenden Lausch kann er verhindern.

Aber dessen Propellerböen schütteln seine eigene Me und kippen sie um die Längsachse.

Mit beiden Händen fasst Schlüter den Knüppel und versucht die Fluglage seiner Jagdmaschine zu stabilisieren.

Da kracht es hinter ihm. Schlagartig begreift der Unteroffizier, dass etwas Fürchterliches geschehen ist.

Sein Fehler hatte den Gefreiten Marx, einen der Neulinge, in eine schwierige Lage gebracht. Es geht alles sehr schnell. Mit einer Genauigkeit wie an einer Drehbank sägt die rotierende Dreiblattluftschraube von Marx Messerschmitt das Leitwerk der vor ihm fliegenden Jagdmaschine an.

Blechteile fliegen weg. Die Luftschraube keilt sich in den Rumpf. Beide Flugzeuge sind ineinander verklemmt. Ein wirres Knäuel schlingert vor der dritten Staffel in die Tiefe.

Unteroffizier Schlüter reagiert ohne zu zögern.

„Raus – sofort raus, keine Zeit verlieren!"

Das Unwahrscheinliche gelingt. Die Kabine klemmt nicht. Sie fliegt weg. In aller Eile löst Schlüter die Anschnallgurte und kommt dann frei.

Er weiß, dass er nicht viel Höhe hat, um den Fallschirm zu öffnen.

Er merkt, wie die Fallgeschwindigkeit zunimmt. Schneller und schneller fällt der Körper, bis die Grenze der Fallbeschleunigung erreicht ist.

Der Unteroffizier behält die Nerven. Er zählt – eins – zwei – zehn – elf, immer im gleichen Abstand.

Bei dreißig angelangt, zieht er die Reißleine.

Als er die weiße Glocke des Fallschirms über sich sieht, atmet er tief durch. Wie soll man dieses Gefühl beschreiben, wenn man unter der aufgeblähten Seidenglocke pendelt. Es gibt keine Worte dafür. Er schwingt aus, ein paar Mal schwappt die Erde wie auf Wogenkämmen. Dann schwebt er ruhig vom Himmel.

Der Fallschirm treibt auf ein Waldstück zu. Der Körper klatscht in einen Baumwipfel, schlägt im Sturz ein paar Mal gegen Äste und bleibt zwei Meter über dem Boden hängen.

Die rechte Hand tastet nach dem Verschluss. Eine Drehung, ein Schlag mit der flachen Hand. Die Gurte geben ihn frei. Er landet in einem Meer von Farnsträuchern, rappelt sich auf und spürt jetzt erst den stechenden Schmerz in der linken Schulter.

Eine Prellung.

Unteroffizier Schlüter stapft durch das Unterholz, bis er auf eine Straße stößt.

Dort drüben hatte er beim Runterschweben ein Dorf gesehen. Nach wenigen Minuten überholt ihn ein Motorrad. Der Fahrer stoppt und nimmt ihn mit bis zur Poststelle des Dorfes. Über die Standortkommandantur lässt sich Schlüter mit dem Gruppengefechtsstand verbinden.

Der Gefreite Marx spürt, wie die Erregung bis in den Magen hinein kribbelt. Er hatte schlecht geschlafen.

Traumbilder hatten ihn ein paar Mal aus dem Schlaf gerissen. Die Erwartung des ersten Feindfluges beanspruchte die Nerven lange bevor man das Gas zum ersten Feindflug herein schiebt.

Aber einmal muss man hindurch durch diese erste Angst. Vorher lässt sich das bedrückende Gefühl von Unsicherheit nicht abschütteln.

Der Start hatte reibungslos geklappt, auch der Steigflug.

Der Anschluss an den Rottenführer Schlüter war nicht verloren gegangen.

Der Jagdverband kurvt jetzt auf Angriffskurs ein. Nicht einen Augenblick lässt Marx die Me 109 des Unteroffiziers aus den Augen.

Da dreht plötzlich die vor ihm fliegende Messerschmitt in eine Viertelrolle, wird wieder waagerecht gesteuert, schlingert genau vor die kreisende Luftschraube seiner Me.

Alles geht so blitzschnell, dass der Gefreite keine Chance hat, das Unglück abzuwenden.

Rumms – rumms!

Es kracht und knirscht.

Splitter fliegen umher.

Die Luftschraube zerfetzt das Leitwerk und schneidet in den Rumpf.

Instinktiv lassen die Hände Gashebel und Steuerknüppel los.

Marx reißt die Arme hoch und hebt die Hände schützend vor sein Gesicht.

Die Maschine wird kopflastig und kippt vornüber.

„Ich stürze ab!", schießt es dem Gefreiten durch den Kopf.

Die Hände greifen wieder zum Gashebel und zum Steuerknüppel.

Er merkt, dass er die Kontrolle über das Flugzeug verloren hat. Verzweifelt zerrt er am Knüppel, stemmt ihn nach rechts, ruckt ihn an den Bauch. Das Steuer spricht an, aber das Trudeln hört nicht auf. Die Angst würgt im Hals.

Die Messerschmitt dreht sich immer noch und er wird in den Gurten von einer Seite zur anderen gezerrt.

Gas rein – Gas raus – wieder ein bisschen Gas. Der Motor stottert, raspelt und kreischt schrill. Plötzlich tourt er wieder schneller.

Die Nadel des Höhenmessers zeigt 3.000 Meter – 2.500 Meter – 2.000 Meter!

Die Tragflächen schütteln und knacken in allen Spanten. Der junge Flugzeugführer drosselt erneut die Drehzahl.

Von dem schnellen Sturz aus beinahe 8.000 Meter schmerzen die Ohren, das Trommelfell spannt.

Wieder ein Blick auf den Höhenmesser – 1.500 Meter.

Marx merkt, dass er es schafft! Die Maschine lässt sich bei 800 Meter abfangen.

Wie ein Brett liegt der Jäger nun in der Luft und muckt nicht.

Es scheint beinahe alles in bester Ordnung.

Nur die Luftschraubenblätter machen Kummer. Noch quirlen sie, haben noch ausreichend Zugkraft.

Marx spürt wie sie schmirgeln. Scheinbar sind sie beim Aufprall verbogen worden. Die Unwucht schüttelt die Kurbelwelle kräftig durch.

Aber noch dreht sich die Luftschraube.

So lange sie sich dreht, gibt der Gefreite Marx auch nicht auf.

Unablässig spähen seine Augen nach vorn, wandern von links nach rechts.

Selten hat sich der Gefreite Adolf Marx einen Flugplatz so sehr herbeigesehnt wie in diesen heiklen Minuten.

Die Zeit verstreicht viel zu langsam.

Wiesen, Felder, ein paar Waldstücke, Straßen, ein Fluss.

Dann ist der Augenblick gekommen. Eine kleine Stadt taucht auf.

Marx vermindert die Geschwindigkeit, um sich in Ruhe zu orientieren.

Dort außerhalb der Stadt dehnt sich eine große Fläche aus. Das Rollfeld eines Flugplatzes. Der junge Luftwaffensoldat hat nicht viel Zeit zum Überlegen.

Das ist seine große Chance.

„Runter – nur Runter", das ist sein einziger Gedanke.

Am Platzrand heben sich ein paar am Boden abgestellte Flugzeuge ab. Es sind zweimotorige Maschinen.

Marx erkennt sie. Messerschmitt Me 410.

Knapp einen Kilometer seitabwärts hängt eine weitere Me 410 in der Luft.

Sie hat gerade ihr Landemanöver eingeleitet. Die Me 410 schwenkt ein. Marx erkennt das ausgefahrene Fahrwerk. Für Augenblicke hält sie auf die Rumpfnase der Me 109 zu. Dann taucht sie in flachem Fallwinkel nach unten und setzt zur Landung an.

Marx fliegt ein paar Sekunden geradeaus, kurvt über einem Barackenlager im Norden des Platzes und schwenkt zum Anschweben ein.

„Fahrwerk raus – Landeklappen ein wenig ausfahren", geht der Gefreite die nötigen Schritte im Geiste durch.

„Verdammt. Nur eine der beiden grünen Kontrolllampen flammt auf."

Das linke Federbein scheint zu klemmen.

Auch der zweite Versuch scheitert.

Marx entscheidet sich daher zu einer Bauchlandung. Doch dann ist sein Pech vollkommen. Das rechte Fahrwerk lässt sich nun nicht mehr einfahren. Die Hydraulik scheint bei seinem Zusammenstoß etwas abbekommen zu haben und streikt nun.

Die Landeklappen sind auf Landestellung angewinkelt.

„Durchstarten? Nein – runter nur runter, selbst wenn es eine Einradlandung werden muss, einfach nur runter."

Der Motor quält sich nun auch schon. Noch ein paar Platzrunden hält er nicht durch.

Ganz flach schwebt die Me 109 über den Platzrand. Das ausgefahrene Fahrwerk nähert sich der Grasdecke, das Rad setzt auf, hüpft wieder hoch, setzt ein zweites Mal auf und rollt.

Die Maschine gleitet immer langsamer – 100 Meter – 200 Meter.

Allmählich neigt sich die linke Tragfläche und der Randbogen berührt den Boden – pflügt die Erde um.

Die Messerschmitt dreht sich, das rechte Fahrwerk knickt weg. Eine – zwei Drehungen um die Hochachse. Noch 30 Meter weit rutscht die beinlose Jagdmaschine.

Der Gefreite Adolf Marx hat die waghalsige Einradlandung heil überstanden.

Er ist auf dem Fliegerhorst Zerbst notgelandet.

Leutnant Amboldt kann die beiden vor ihnen fliegenden Schwärme der dritten Staffel gut überblicken.

Sein Schwarm mit dem Obergefreiten Lausch, Unteroffizier Schlüter und dem Gefreiten Marx greift als letztes an.

Amboldt winkt dem schräg hinter ihm fliegenden Lausch zu, dann neigt er seine Hand nach unten.

Lausch nickt. Das Zeichen dafür, dass er verstanden hat, was Amboldt damit sagen will: „Aufpassen – wir kippen gleich nach vorn!"

Beinahe zwei Dutzend Angriffe hat Lausch bereits als *Katschmarek* von Amboldt geflogen. Sie sind beide aufeinander eingespielt.

Wenn sie beide bisher aus den Duellen mit den schweren Bombern und den gegnerischen Begleitjägern mit einem blauen Auge davongekommen waren, so wusste Lausch genau, dass dies nur dem Reaktionsvermögen und der Erfahrung des Leutnants zu verdanken war.

Amboldt ist für Lausch so etwas wie ein Idol.

Der Leutnant scheint gegen alle Gefahren gefeit.

Es ist, als ob ihm nichts etwas anhaben kann und das strahlt eine ungemeine Sicherheit aus.

Leutnant Michael Amboldt ist ein wahrer Hüne, der nur mit Mühe in die enge Kabine passt. Er hat ein kantiges Gesicht und eine markante Adlernase.

Wenn die stahlblauen Augen des Ostpreußen einen anlachen, dann verliert man sofort die Furcht, die sein Ehrfurcht gebietendes Aussehen einflößen kann.

Der Leutnant ist von seinem Wesen her ein sehr ruhiger, bedächtiger und disziplinierter Mann. So wie der ostpreußische Menschenschlag nun einmal ist.

Dennoch ist er in der Staffel und auch in der Gruppe sehr beliebt.

Alle mögen ihn und wenn mal Not am Mann ist, dann kann man sich 100 prozentig auf Amboldt verlassen.

Zudem ist er der erfolgreichste Flugzeugführer der Staffel.

Er hat bereits 76 Abschüsse. Davon hat er drei über dem Kanal, 65 über der Ostfront und bisher acht in der Reichsverteidigung erkämpft.

Der Erfolg war dem jungen Luftwaffenoffizier aus einem kleinen Dorf an den ostpreußischen Masuren nicht in die Wiege gelegt.

Der Vater war Fischer und verunglückte, als Amboldt gerade einmal elf Jahre alt war. Von da an musste er als ältestes von vier Kindern mit für den Lebensunterhalt der Familie sorgen.

Daher war es für Amboldt selbstverständlich, sich freiwillig zur Luftwaffe zu melden, da es somit ein sicheres Einkommen gab.

Es wurde ein langer, harter und entbehrungsreicher Weg vom kleinen Jungen, der jede sich bietende Arbeit annahm, bis hin zum erfolgreichen Luftwaffenoffizier und Ritterkreuzträger.

Nun ist er nach den Luftschlachten im Westen, wo er eine urricaneHuHurricane und zwei Spitfire abschießen konnte, über die Ostfront über der er in hunderten Feindflügen 66 Gegner besiegen konnte, schließlich hier in der Reichsverteidigung bei der dritten Staffel gelandet. Über dem Reich konnte er bisher vier Mustangs, zwei Thunderbolts, eine Lightning und eine *Fliegende Festung* abschießen.

Ihm liegt die Kurbelei mit den amerikanischen Begleitjägern mehr als die sturen Anflüge auf die viermotorigen Bomber der Amerikaner.

Diese Attacken Schnauze auf Schnauze sind ihm verhasst, weil man eigentlich hilflos dem Zufall ausgeliefert ist. Es liegt nicht in der eigenen Hand, ob man von einer Garbe getroffen wird oder nicht.

Demgegenüber gibt Amboldt dem Luftkampf Jäger gegen Jäger den Vorrang. Hier kann er das ausspielen, was den Besseren siegen lässt, das scharfe Auge, den zähen Willen, die stärkeren Nerven und die blitzschnellen Reaktionen.

Aus diesem Grund führt er den dritten Schwarm der Staffel, den sogenannten *Holzaugenschwarm*.

Zumeist werden die anfliegenden Bomberverbände von Massen amerikanischer Begleitjäger begleitet und abgeschirmt.

Diese fliegen gewöhnlich in einigen hundert Metern über den Pulks und stürzen sich auf die deutschen Abfangjäger.

Leutnant Amboldt stört mit seinem dritten Schwarm diese Aktion. Er gibt den beiden anderen Schwärmen sozusagen Rückendeckung. Dies gelingt allerdings nicht immer.

Vor drei Wochen hatte Amboldt mit seinem Schwarm sieben Feindjäger abgeschossen. Die Mustangs waren von der Seite herangeschossen. Sie hatten den dritten Schwarm nicht erkannt, weil der im Augenblick des Angriffs in seiner Position gegen die Sonne flog.

Danach waren die vier Messerschmitt den Angreifern in die Flanke gestoßen.

Ein wilder Luftkampf tobte, eine Jagd um Leben und Tod. Mitten in den Angriff fegten die Me 109.

Von den feindlichen Mustangs zerplatzten zwei in der Luft, eine schmierte über die Fläche in die Tiefe, einen breiten Rauchschweif hinter sich herziehend, zwei P 51 rammten sich und stürzten ineinander verkeilt ab. Die restlichen Feindjäger kurvten weg und nahmen den Luftkampf auf. In der sich dann entfesselnden Kurbelei verloren die Amerikaner drei weitere Maschinen, die Deutschen aber selbst auch zwei.

Amboldts Augen suchen nun den Himmel ab.

Keine Spur von Begleitjägern. Wahrscheinlich hatten sie sich verspätet und konnten den vereinbarten Treffpunkt mit dem Bomberverband nicht einhalten. Das kam hin und wieder mal vor, wenn auch nur selten. In der Regel war die Ablösung pünktlich da, wenn die Jäger, die den Bombern auf der Anflugetappe Begleitschutz gaben, wegen der geringen Treibstoffmenge zum Heimflug abdrehen mussten.

„Heute werden die Amis einen hohen Blutzoll zahlen müssen", denkt sich Amboldt, während er die Szenerie überblickt.

Die beiden ersten Schwärme können von Feindjägern unbehelligt angreifen. Zusätzlich zu den Kameraden wird auch der dritte Schwarm einen Angriff fliegen.

Amboldt spürt, wie ein paar Haarsträhnen, die unter dem Rand der FT-Haube hervorschauen, vom Schweiß an die Stirn geklebt werden.

„Wenn ich nur das Trinken lassen könnte", geht es dem Leutnant durch den Kopf.

Er ärgert sich in diesem Moment über sich selbst.

Essen und Trinken, das sind seine beiden großen Schwächen. Woher sonst hat der stämmige Ostpreuße seine zwei Zentner? Von der Luft allein kommen die nicht.

Amboldts Vorlieben für gutes Essen und einen kräftigen Schluck sind im Geschwader weithin bekannt. Auch seine Marotte, dass er sogar zum Feindflug oftmals einen deftigen Hähnchenschenkel mitzunehmen pflegt, kennen die meisten. Aber da der Leutnant außergewöhnliche Erfolge vorweisen kann, lässt man ihm so manche seiner Eigenheiten durchgehen.

Auch heute liegt wieder ein abgenagter Hähnchenschenkel auf dem Boden der Kabine, den er auf dem Weg zum Bomberverband verspeist hat. Eigentlich hat er eine recht unpassende Körperstatur für einen Jagdflieger in einer kleinen, engen, schnittigen Messerschmitt.

Das Warten auf den richtigen Augenblick zum Abkippen zermürbt viele Flugzeugführer, Leutnant Amboldt jedoch nicht. Je früher er anfliegt desto länger bleibt den feindlichen Bordschützen Zeit, um sich auf ihn einzuschießen.

Kurz vor dem Pulk steil aus der Überhöhung herunterschießen, das ist seine bevorzugte Methode. Aus diesem Grund lässt er seinen Schwarm ein wenig zurückfallen, damit ihm Motorpartie und Tragflächen nicht die Sicht auf die Flugzeuge der anderen Schwärme verdecken.

Nun drückt er nach. Die Nase der Motorhaube winkelt schräg nach unten.

„Wo ist denn der zwote Schwarm? Hat ihn der Himmel verschluckt?", überlegt der Ostpreuße.

Weiter vorn brennen bereits Maschinen. Die ersten Abschüsse bei Freund und Feind. Ein tolles Durcheinander. Wenn man so etwas zum ersten Mal erlebt, hat man den Eindruck, dass in diesem wirren Knäuel von kurvenden Bombern und zwischen ihnen hindurch stoßenden Jägern Zusammenstöße unvermeidlich sind.

Seine Augen bleiben an einem kleinen Verband von sechs B 17 hängen.

Sie fliegen abgesetzt vom übrigen Pulk. Gut 200 Meter Abstand haben diese Boeings vom Hauptfeld.

Die Scheiben der Kabinen blitzen für Augenblicke von den zurückgeworfenen Sonnenstrahlen auf. Die sechs B 17 drehen in einer flachen Kurve nach rechts. Von den Unterseiten lösen sich schwarze Punkte. Die Boeings werfen ihre Bomben also im Notwurf ab.

„Angriff."

Scharf hebt sich die Silhouette einer B 17 im Visier ab. Aus vielen Rohren zischt das Abwehrfeuer. Eine Garbe streut haarscharf an der linken Tragfläche vorbei.

Dann weiß der Leutnant plötzlich, dass er jetzt nicht mehr länger zögern darf.

Er schießt.

Die Garbe verfehlt das Ziel. Sie verliert sich hinter dem Riesenleitwerk der B 17.

Das kurze Ausweichmanöver hatte ihm den Anflug verdorben. Leutnant Amboldt flucht. Für einen zweiten Feuerstoß bleibt ihm keine Zeit. Er ruckt am Steuerknüppel. Die eine Fläche wippt nach der Seite, die Messerschmitt dreht in die Rückenlage, kippt aus einem Abfangradius wieder nach oben.

Mitten durch einen dünnen Schleier glitzernder Kristalle klettert die Jagdmaschine über das schmale Band einer Zirruswolke. Die dünne Federwolke ist zu schmal, um sie taktisch auszunutzen.

Der Leutnant wirft einen Blick auf den Höhenmesser. Der zeigt 7.600 Meter.

Amboldt klettert mit seiner Me 109 höher. Erst als die Nadel des Höhenmessers über die Markierung der 8.000 Meter schiebt, drosselt er die Notleistung auf normale Tourenzahl.

Dann sieht er sich nach seinem Schwarm um.

Dass Lausch wie angeklebt knapp 100 Meter hinter ihm hängt, wundert den Leutnant nicht. Dafür staunt er, dass die anderen beiden nicht abgeplatzt sind, obwohl er die Maschine aus dem Abschwung in einer ganz engen Kurve hochgezogen hatte.

„Indianer! – Viele Indianer aus Caruso 140 – Hanni 9.000!“

Die gellende Stimme in der Hörmuschel der FT-Haube ist kaum verstummt, da hat Amboldt auch schon die Feindjäger entdeckt.

Ein paar glänzende Punkte rechts und links über und unter der Sonne. Sie werden schnell größer.

„Mustangs! Ausgerechnet Mustangs“, schießt es Amboldt durch den Kopf.

Die Mustangs sind wegen ihrer Geschwindigkeit und Wendigkeit gefürchtet.

Die besseren Chancen sind ebenfalls auf ihrer Seite, denn sie haben beinahe 1.000 Meter Überhöhung. Der zweite Trumpf in ihrer Hand, den sie ausspielen können, ist der Angriff aus der Sonne heraus. Man kann nicht einmal ungefähr abschätzen, wie viele es sind, weil man diejenigen, die sich aus dem Lichtkegel der Sonne herausschieben, überhaupt nicht sehen kann.

Ein kurzer Blick hinüber zu den anderen Kameraden. Dort scheint alles klar zu sein.

Amboldt atmet durch.

Nur knapp konnte der Obergefreite Lausch einen Zusammenstoß mit Amboldts Maschine verhindern. Blitzschnell hatte er reagiert, als der Schwarmführer den Anflugkurs änderte. Trotzdem hatten nur wenige Handbreit gefehlt und seine Maschine hätte mit der Tragfläche den Rumpf des anderen gerammt.

Der Leutnant hat das Ziel günstig gewählt. Die sechs *Fliegenden Festungen* bedeuten ein vermindertes Abwehrfeuer. Auf einen solch kleinen Verband von Bombern zu stoßen – dieses Glück hat man selten. Ungünstig ist nur, dass diesmal der Angriff so steil von oben angesetzt ist, so dass man einen großen Vorhalt schätzen muss.

Die Zeit zum Schießen ist so knapp bemessen, dass man nur einen Feuerstoß auslösen kann.

Ein paar Leuchtspurfäden tanzen über die Kabine hinweg.

Der Obergefreite Lausch will sich gerade ein Zielobjekt aussuchen, da platzt ein Explosivgeschoss unter seiner Sitzwanne. Ein Regen von Splittern fächert über das Instrumentenbrett und prasselt gegen das Vorderteil der Kabinenscheibe. Entsetzt starrt Lausch auf seine linke

Hand, die den Gashebel umfasst hält. Sein Daumen baumelt in einem zerfetzten Stück des Handschuhs.

Der Schreck schnürt ihm den Atem ab.

Noch fliegt die Maschine, noch tourt der Motor, noch reagiert die Steuerung.

Das zersplitterte Instrumentenbrett allein ist kein Grund zum Aussteigen.

Vergessen ist die Boeing, die er aufs Korn nehmen wollte. Wichtig ist nun nur eins: Er muss den Kontakt zum Leutnant halten.

Lausch weiß aus Erfahrung, dass die schwersten Minuten der Luftschlacht erst noch kommen werden. Dann ist es wichtig, dass man nicht allein ist.

Als Lausch aus dem Abschwung mit seiner Me 109 hoch sticht, findet er sich 100 Meter hinter Amboldt in Position. Während der Schwarmführer seine Fahrt drosselt, schert Lausch nach rechts auf gleiche Höhe.

Lausch schwenkt seine linke Hand mit dem abgerissenen Daumen an der Kabinenscheibe entlang. Er überlegt, ob er sich zum Rückflug abmelden soll. Doch den Entschluss nimmt ihm im FT die Durchsage ab: „Indianer – Viele Indianer aus Caruso 150 – Hanni 9.000!"

Er wird also kämpfen müssen.

Hegenbarth, der frisch gebackene Unteroffizier, empfindet es beinahe wie eine Erlösung, als der Kommandeur grünes Licht für den Angriff gibt. Die Wartezeit vor einem Angriff ist das Schlimmste. Auch wenn es nur ein paar Sekunden sind.

Endlich ist es soweit. Der Augenblick ist gekommen, dem Hegenbarth in seiner engen Kabine entgegengefiebert hat. Die Schwärme formieren sich.

Nicht einmal eine Minute wird es dauern, dann wird alles vorüber sein. Doch was kann alles in diesen Sekunden passieren.

Der Unteroffizier drückt den Knüppel scharf nach vorn. Er spürt, wie er in dem Augenblick, in dem die Messerschmitt über die Motornase nach vorn kippt, vom Sitz hochgezogen wird. Es ist, als ob man mit dem Auto in rasanter Fahrt über eine Straßenkuppe fährt.

Der Flugzeugführer drosselt die Drehzahl des kräftigen Motors, damit er nicht mit seinem Fahrtüberschuss an den beiden Vordermännern vorbeizischt.

Der Angriffswinkel ist so steil, dass die Me 109 trotz geringerer Drehzahl der Luftschraube wie ein Pfeil auf den Pulk der B 17 zu flitzt.

Schneller und schneller wachsen die Bomber vor ihm. Sprenggeschosse explodieren. Doch der Schwarmführer vor ihm weicht nicht aus.

Unbeirrt steuert dieser auf das Ziel zu. Auch der Unteroffizier ist blind für die auf ihn zufliegenden Leuchtspurgeschosse. Er fegt mit über 700 Kilometer pro Stunde schräg von vorn auf die schweren Bomber zu und durch den Feuerhagel der Bordschützen hindurch.

Ein riesiges Profil zeichnet sich im Revi ab, sein Ziel – eine *Fliegende Festung*.

In der Hörmuschel der FT-Haube dröhnt unverständliches Stimmengewirr. Irgendjemand meldet einen Abschuss.

Hegenbarth hat keine Zeit, um zu beobachten, was rund um ihn vorgeht. Er behält das Ziel vor ihm fest im Auge.

Er schätzt die Entfernung ab, noch 400 Meter, vielleicht 350.

Er drückt den Knüppel um Millimeter vor und schiebt den linken Fuß stärker ins Seitenruder. Nur wenig, ganz wenig Kraft legt er in die Steuerkorrektur. Die Vorbereitung für einen Abschuss ist Millimeterarbeit. Dann schießt er.

Das Hämmern der Bordkanone und das schnellere Schlagen der beiden überschweren Maschinengewehre zersägt das leise Surren des Motors. Die Boeing dreht flach über die rechte Tragfläche und rutscht nach der Seite abwärts.

Die Entfernung ist so gering, dass er meint, nach dem Riesenvogel greifen zu können. Dabei sind es die mächtigen Ausmaße der Boeing, die sie so nahe erscheinen lassen.

Dieses amerikanische Kampfflugzeug ist eigentlich ein technisches Glanzstück. Der Rumpf gleicht einer Zigarre mit Führerkabine und Geschützturm. Am Ende ein mächtiges, hoch gesetztes Seitenleitwerk, an dem sich deutlich eine mehrstellige Zahl abhebt.

An den breiten, abgerundeten Tragflächen schieben sich vier bullige Sternmotoren weit vor. Insgesamt reißen beinahe 5.000 Pferdestärken den Bomber nach vorn.

Was dieses Flugzeug für die deutschen Abfangjäger jedoch so gefährlich macht, sind die 12 bis 13 schweren Browning-Maschinengewehre, die an mehreren Stellen im Rumpf vorn, hinten, oben, unten und an den Seiten verteilt sind. Sie lassen beinahe keinen toten Winkel übrig, in dem man angreifen könnte. Man kann nur hoffen, dass in der Boeing, die man sich als Ziel ausgesucht hat, nicht gerade ein kaltblütiger, erfahrener Bordschütze sitzt.

Hegenbarth schätzt die Entfernung und verkürzt den Vorhaltewinkel. Unter dem Rumpf der Boeing lösen sich Bomben und flattern in die Tiefe.

Jetzt eine zweite Garbe. Die Geschosse umtanzen die B 17 und spritzen über die Rumpfspitzen mitten zwischen den beiden Motoren hindurch. Eine lange Stichflamme schießt hinter der abgeknickten Tragfläche am Rumpf entlang. Brodelnder Qualm schluckt das Leitwerk.

Der Unteroffizier will den Angriff abbrechen. Da sieht er mitten im Zielkreis seines Reflexvisiers das riesige Leitwerk einer weiteren B 17.

Es sind noch 100 Meter, vielleicht auch nur 50!

Er hat keine Zeit, genau zu schätzen. Zu gering ist die Distanz, zu nahe ist er heran. Er ist sich selbst nicht bewusst, wie er handelt. Wer will entscheiden können, was sich in einer solchen Sekunde blitzschnell im Kopf abspielt.

Das unwillkürliche Ansprechen auf einen Reiz, die Reaktionsbereitschaft des Überlebensinstinktes oder kaltblütige Geistesgegenwart?

Hegenbarth zielt nicht. Er drückt einfach auf die Knöpfe und die Wirkung des Beschusses ist wie eine Schrotladung, die ein Jäger aus kurzer Distanz abfeuert.

Die Geschosse der Bordwaffen prasseln wie ein tödlicher Regen auf die Tragflächen und den Rumpf. Die Boeing bäumt sich auf wie ein waidwunder Vogel, der vor dem Absturz noch einmal mit den Flügeln flattert, um dem unvermeidlichen Ende zu entgehen.

Auch Hegenbarth entgeht mit knapper Not dem Ende in Form eines Zusammenpralls.

„Zwei Abschüsse! Und das in einem Anflug!"

Hegenbarth kann es kaum fassen.

Er nimmt das Gas raus – Querruder – Knüppel nach vorn in die Ecke – Beine fest in die Seitenruder stemmen – Abschwung – Knüppel nach hinten – Abfangen!

Hegenbarth spürt, wie ihm das Blut aus dem Kopf weicht. Eine Zentnerlast drückt ihm auf die Schultern. Dann sticht die Me 109 G steil nach oben. Er schiebt die

Pulle wieder rein, wippt kurz mit der linken, dann mit der rechten Tragfläche, um sich zu orientieren.

Auf Anhieb entdeckt er zwei Messerschmitt-Jäger. Es sind anscheinend Amboldt und Lausch, die dort hochziehen. Für 20, 30 Sekunden schiebt er den Gashebel auf Notlast und hängt sich hinter die beiden.

In Formation fliegen die drei Jäger über dem Bomberverband weiter.

Der Gefreite ist Schlusslicht des zwoten Schwarms. Der Neuling ist überbeansprucht von der dauernden Konzentration auf die Maschine seines Vordermanns.

Ein Krampf lähmt ihm die Muskeln des rechten Arms. Sorgsam achtet er nun schon seit dem Start darauf, dass er nicht zu weit zurückfällt. Als sie zum Angriff einkurven, verliert er seine Position. Es kostet ihn viel Mühe noch einmal heranzuziehen. Aber er schafft es. Als der Schwarmführer zum Angriff abkippt, klebt der Neuling wieder hinter seinem Rottenführer. Die Nervenbelastung ist kaum zu ertragen. Zuviel auf einmal kommt auf ihn zu.

Er muss auf die Maschine achten. Er hat große Mühe, sich an die Atemmaske zu gewöhnen. Das Gerät ist ihm fremd und ziemlich lästig. Ein einziges Mal hatte er während der Ausbildung bei der Ergänzungsgruppe einen Höhenflug mit dem Sauerstoffgemisch durchgeführt. Das Gemisch sichert eine ausgezeichnete Versorgung der Atmung.

Er spürt, wie das Blut prickelt. Dennoch bedrückt ihn das Gefühl ersticken zu müssen. Dazu kommt der Eindruck von den Pulks der *Fliegenden Festungen*.

So nahe hatte er diese großen Bomber noch nicht gesehen und sich alles ganz anders vorgestellt.

Während des Angriffs widmet Thielemann den Reaktionen des schräg vor ihm fliegenden Kameraden mehr Aufmerksamkeit als dem Gegner.

Der Anflug ist so steil, dass der Gefreite sich fast ausschließlich auf die Fluglage seiner Me 109 konzentrieren muss.

Er kommt sich hilflos vor, ist verkrampft wie ein Anfänger, der in einem Auto gleichzeitig auf mehrere Dinge achten muss. Thielemann spannt die Finger fester um den Knüppel.

Der Abstand zu dem kleinen Pulk, den sich der Leutnant als Angriffsobjekt nun ausgesucht hat, schrumpft schnell, viel zu schnell. So schnell, dass Thielemann nicht einmal zum Schuss kommt. Er begreift nicht recht, was um ihn herum vorgeht. Was er sieht, ist eine B 17, die lichterloh brennt und sich in einer Drehung um die Längsachse auf den Kopf stellt.

Aus dem Unterbewusstsein drängen sich Anleitungen von der Jagdfliegerschule hervor und verdichten sich blitzschnell zu klaren Vorstellungen. Die Ratschläge der Fluglehrer, wie man solch einen Angriff auszuführen hat, werden wieder gegenwärtig.

Ganz nahe ran, nicht durch das Abwehrfeuer kopfscheu machen lassen, einen Bomber aufs Korn nehmen, schießen – schießen und bis zum letzten Schuss so nahe ran wie möglich.

Ganz überzeugend diese Theorie – einfach und einleuchtend. Aber die Wirklichkeit sieht doch anders aus. Leider hatten die Schreibtisch-Flieger auf den Jagdfliegerschulen eine Unbekannte in der Gleichung dieser Luftschlachten des Jahres 1944 verschwiegen und zwar die feindliche Übermacht.

Da – einer der Viermotorigen bietet seine Flanke, als er abdreht. Thielemann muss den Schusswinkel verkürzen. Irgendwo an der Seite der B 17 blitzt Mündungsfeuer auf.

„Wenn ich jetzt nicht schieße, ist es zu spät", denkt sich Thielemann unwillkürlich.

Er löst seine Bordwaffen aus.

Die ersten Garben in einem Luftkampf. Welche Anstrengungen hatte es den jungen Gefreiten Franz Thielemann gekostet, um diesen Augenblick zu erleben. Ein halbes Jahr in einem Luftwaffen-Feldregiment, dann ein Jahr auf einem Einsatzflughafen bei Brüssel an Ju 88 Wache schieben. Danach neun Monate Fliegerschule, wieder ein halbes Jahr als Unteroffizier in Paris-Orly Wache schieben, dann sieben Monate gammeln, bis man schließlich zum Jagdflieger ausgebildet wurde.

Es war ein langer, steiniger Weg, immer vom Wunsch begleitet, ein Jagdfliegerass wie Mölders, Galland oder Marseille zu werden.

Dann war ihm eine saudumme Sache passiert.

Bei einem Übungsflug flog er über ein Arbeitsdienstlager, in dem seine Freundin war und drehte dort ein paar Runden.

Schon einen Tag später stand er vor seinem damaligen Kommandeur. Es gab ein gehöriges Donnerwetter wegen fahrlässiger Gefährdung von Menschenleben. Ein Militärgericht hatte ihm ein halbes Jahr Gefängnis mit Frontbewährung aufgebrummt. Darüber hinaus wurde er vom Unteroffizier zum gewöhnlichen Flieger degradiert.

Das war eine bittere Pille für den jungen, ehrgeizigen Luftwaffenangehörigen.

Dennoch hat sich Franz Thielemann nicht unterkriegen lassen. Nach einem halben Jahr guter Führung war er wieder zum Gefreiten befördert worden.

Nun wollte er endlich zeigen, was in ihm steckt. Wie hatte er diesem Augenblick entgegengefiebert. Nun ist er da, sein erster Luftkampf.

Er schießt.

„Es ist doch wohl nicht möglich. Weit vorbei geschossen."

Er kann es nicht fassen. In der Hitze des Gefechts hatte er den Vorhaltewinkel vergessen.

Er kommt nicht dazu, seinen Misserfolg richtig zu begreifen, denn sein Geschick wird bereits auf eine weitere harte Probe gestellt.

Es hängen drei B 17 in unermesslicher Größe vor ihm. Er muss ausweichen. Zwischen zwei *Fliegenden Festungen* schnellt er hindurch und kann eine dritte nur um wenige Meter passieren.

Die mächtige Rumpfnase der Boeing streift als riesiger Schatten dicht hinter der Messerschmitt vorbei. Ohne eigenes Zutun findet sich Thielemanns Me plötzlich in Rückenlage. Die Tragflächen vibrieren. Irgendwo singt ein helles Zischen.

Der Steuerdruck reißt ihm fast die Knüppel aus der Hand. Er fängt die Me 109 G ab. Die Beschleunigung ist groß. Für Augenblicke wird es ihm schwarz vor Augen.

Als sich das Flugzeug aus dem Abfangen aufrichtet, gibt Thielemann Gas und sticht in einer Kerze in den blauen Himmel. Der Motor jault schrill. Die Fahrt nimmt ab. Er betätigt das Höhenruder. Der Steigwinkel wird flacher.

Es ist Zufall, dass Thielemann links eine Messerschmitt entdeckt. Er schätzt den Abstand auf 500 Meter.

In einer waghalsigen Steilkurve wirft er seine Maschine in die Kurvenparabel des anderen Jagdflugzeuges. Er schneidet von innen heran, unterfliegt und schließt rechts auf gleiche Höhe.

Fliegen kann der Gefreite Thielemann. Aber zu einem erfolgreichen Jagdflieger gehört eine Menge Erfahrung. Das weiß Thielemann seit diesem ersten Angriff. Trotz allem ist er froh, dass er die erste Attacke heil überstanden hat.

Er nimmt sich vor, bei der nächsten Runde Augen und Ohren offen zu halten. Er will das Feuer früher eröffnen. Dann wird genügend Zeit bleiben, um den Vorhaltewinkel zu ändern.

Der Gefreite ahnt nicht, dass für ihn die Entscheidung schon gefallen ist. Während er das Gefühl der Unsicherheit abstreift, hat das Schicksal bereits zum Schlag ausgeholt.

Feldwebel Bäcker kneift die Augen zusammen. Das Sonnenlicht gleißt auf den blanken Rümpfen und Tragflächen der B 17.

Hoch reckt er den Oberkörper und beugt den Kopf weiter vor. Er muss einige Flächenspannen nach der Seite ausweichen, wenn er den Anflug mit der Chance auf Erfolg ansetzen will.

Die Überhöhung reicht. Das ist immer ein beruhigendes Gefühl, wenn man diesen Trumpf ausspielen kann. Er schiebt den Gashebel zurück, dann um zwei Fingerbreit nach vorn. Der Motor arbeitet heftiger, die Geschwindigkeit steigert sich.

Für einen Moment schweift der Blick schräg hoch. Die Überraschung verpatzt ihm beinahe den Angriff. Dort sticht eine ganze Menge kleiner Punkte vom Himmel herab. Sie nähern sich. Es gibt keinen Zweifel. Es sind Flugzeuge – Feindjäger.

Als er sich wieder um den Pulk kümmert, ist er schon so nahe, dass er den gewöhnlichen Vorhalt auf die Spitzen-Boeing nicht mehr steuern kann. Er muss sich ein

Ziel unter den B 17 aussuchen, die in der Staffelung weiter hinten fliegen.

Bäcker zerquetscht einen Fluch zwischen den Zähnen. Dann schiebt er weit nach links, um Esser nicht zu behindern.

Der Bomberpulk zeigt in einem spitzen Winkel seine Flanke. Die Führermaschine hat in eine Rechtskurve gedreht, die anderen folgen.

Blitzschnell begreift Bäcker, dass dieses Abwehrmanöver für ihn und seine Leute zwei Nachteile hat.

Einmal erschwert die Sonne den Angriff. Die Jäger fliegen die letzten paar 100 Meter gegen die blendende Sonne. Das kompliziert das Schätzen, weil die Lichtreflexe von den Rümpfen spiegeln und die Konturen nicht verzerren.

Außerdem ist der Abwehrhagel der B 17 stärker und deshalb gefährlicher, weil die Bordschützen auf der Rumpfoberseite, der Längsseite und der Bugnase gleichzeitig feuern können.

Bäcker zieht in flachem Sturz auf den Pulk zu, verliert in der engschwingenden Kurve aber zu viel Höhe.

„Vollgas – Notleistung – Hoch die Nase und angreifen!"

Ein kurzer Feuerstoß. Bäcker merkt, dass er zu früh geschossen hatte. Unwillkürlich schnellt sein Kopf nach der Seite.

Ein Schatten huscht vorbei. Es ist eine Mustang. Sie zieht in einem gerissenen Abschwung hoch. Jetzt ganz dicht an der Fläche vorbei erscheint eine zweite P 51.

Ihre Flugbahn schneidet quer über ihn hinweg. Sie schert aus dem Schussbereich noch bevor Bäcker nachsetzen kann.

Der Feldwebel weiß, dass sie wieder angreifen werden. Daher bricht er den Angriff auf die B 17 ab. Jetzt gilt es, sich seiner Haut so gut wie möglich zu erwehren.

Bäcker tritt ins Seitenruder und stemmt den Knüppel nach vorn in die Ecke. Sein Atem stockt, als die massige Unterseite eines Bombers ganz nahe an ihm vorbei gleitet.

Die Me 109 dreht über die Fläche in Rückenlage. Der Feldwebel drosselt das Gas und führt den Steuerknüppel in die Mitte, dann zieht er zügig durch.

„Weg – nichts wie weg!"

Der Flugzeugführer gibt dem wachsenden Druck des Höhenruders nach und neigt die linke Fläche in eine steile Sturzspirale.

Er stutzt. Irgendetwas mit dem Motor stimmt nicht. Er riecht, horcht gespannt nach vorn. Die Sichtscheibe beschlägt plötzlich. Es bildet sich ein leichter schmieriger Film. Der Motor verliert Öl.

Auf einmal kreuzen Leuchtspurfäden seine Flugbahn. Die Mustangs haben sich angehängt. Wie Wölfe hetzen sie ihn nun. Sie sind sich ihrer Sache sehr sicher.

Beherzt setzt Feldwebel Franz Bäcker alles auf eine Karte. Ganz eng zieht er die Sturzspirale. Wenn eine Chance bleibt die Verfolger abzuschütteln, dann nur so. Die Nadel des Geschwindigkeitsmessers zittert an der roten Grenzmarkierung. Mit beiden Händen packt er den Knüppel. Die Arme sind zum Zerreißen gespannt. Die Schwingungen der Flächen übertragen sich auf den Rumpf. Die Fliehkraft wuchtet das Blut, das Herz hämmert wild.

Der Höhenmesser zeigt nun 1.500 Meter.

„Gegenruder – geradelegen!"

Bäcker muss nicht nur seine ganze Erfahrung in die Waagschale legen, sondern auch seine ganze Kraft aufbieten, damit der Steuerdruck ihm nicht den Knüppel aus den Händen reißt.

Die Me 109 richtet die Motornase auf der Abfangkurve auf und geht in den Horizontalflug über.

Noch ist der Ölverlust gering, der Schmierfilm auf der Sichtscheibe nur ein hauchdünner Film.

Die Verfolger sind abgeschüttelt. Im Tiefflug schießt die Messerschmitt dahin. Nach fünf Minuten schmiert der Ölfilm über die Seitenscheibe. Die Sicht wird schlechter.

„Dort – ein Fluss. Das muss eigentlich die Elbe sein", überlegt Bäcker.

Ein paar dicke, unförmige Würste hängen am Himmel.

„Und dort ist dann die Ballonsperre von Magdeburg."

Linkskurve und weiter entlang der Bahnlinie zischt die deutsche Jagdmaschine.

Wie unendlich lang kommt dem Feldwebel diese Zeitspanne von einigen Minuten vor.

Endlich taucht der Platz auf. Es steigen zwei grüne Leuchtkugeln schräg in den Himmel auf.

Er kurvt ein. Das Öl schmiert über die Kabine, klebt nun zäh wie Leim. Er kann sich nur mit Mühe orientieren.

Drüben am Waldrand sind ganz verschwommen die Liegeplätze zu erkennen.

Kurven, Landemanöver, Gas raus, die Fahrt reißt ab. Die Geschwindigkeit wird zusehends geringer.

Das Landemanöver, 100-mal geübt, gelingt.

Die Me rollt aus.

Qualm brodelt unter der Motorhaube hervor.

Die Luftschraube hackt ein paar Mal und bleibt, als der Motor aussetzt, endgültig stehen.

Feldwebel Bäcker schnellt vom Sitz und springt auf die Fläche. Quer über den Platz holpert ein Wagen auf ihn zu.

In der Sonne glitzert der langgestreckte Leib der Boeing. Der Gefreite Esser eröffnet das Feuer. Aus dem linken Außenmotor der B 17 züngeln Flammen. Der Motor brennt lichterloh.

Es ist der zweite Abschuss für den jungen Flugzeugführer.

„Unfassbar, gleich bei meinem ersten Einsatz zwei Abschüsse!"

Esser hat die anderen aus den Augen verloren. Seitab sieht er ein Rudel Mustangs. Es sind sechs, sieben, acht Stück.

Einem Todesurteil käme es gleich, wenn er sich mit dieser Übermacht auf eine Kurbelei einlassen würde. Er muss sich absetzen. Das ist die einzige Chance.

Der Gefreite drosselt das Gas und neigt in einer scharfen Linkskurve die Nase seiner Messerschmitt nach unten.

Nach dem Abfangen aus dem Sturzflug geht er auf Heimatkurs.

Nach ungefähr zehn Minuten setzen die Räder der Me 109 auf dem Landefeld des Heimathorstes auf. Er rollt zum Liegeplatz. Als er die Zündung ausschaltet, hangelt sich der Wart neben der Kabine hoch. Esser entriegelt das Kabinendach.

„Darf man gratulieren?"

Der Gefreite spreizt zwei Finger nach oben.

„Gleich zwei? Ich werd' verrückt", staunt der Mann in der schwarzen Kombination ungläubig. „Das nenne ich eine tolle Sache für einen Neuling!"

Esser atmet gierig die frische Luft.

In einiger Entfernung schwebt eine Me 109 zur Landung an.

„Die Zweite von unserem Verein", kommentiert der Wart.

Der Obergefreite Lausch passt seine Fluglage jeder Bewegungsänderung des Vordermanns an. Er stürzt mit, sucht sich ein Ziel und schießt. Vom linken Arm zuckt ein Schmerz bis zum Hals hinauf. Im Abdrehen aus der Angriffsflugbahn streift sein Blick den linken Ärmel. Über das Leder rinnt Blut. Das Ellenbogengelenk wird steif. Unerträglicher Schmerz stellt sich ein, wenn er den Arm auch nur ein wenig bewegt. Er spürt, wie die Hand anschwillt.

Vom Magen her kriecht ein Schwächeanfall über das Genick bis in die Augen. Unzählige Sternchen flimmern und verdrängen allmählich die Sicht. Er bietet all seinen Willen auf, um gegen die Schwäche zu kämpfen.

Langsam kehrt die Sicht zurück. Er wehrt sich noch immer verbissen gegen die stärker werdende Müdigkeit.

Die linke Tragfläche hängt. Er muss ununterbrochen mit dem Querruder ausgleichen. Keine Spur von Bäcker oder Esser. Lausch sticht in die Tiefe.

Es hilft nichts. So kann er keinen Kampf führen.

Etwa 1.000 Meter links über ihm kreisen Mustangs und Messerschmitt-Jäger in engen Kurven umeinander. Er kann nicht eingreifen. Abgesehen von seiner schlimmer werdenden Verwundung stimmt irgendetwas mit der Steuerung nicht.

„So schnell wie möglich heimwärts", hämmert es in seinem Kopf.

Er fängt die Me 109 aus dem flachen Sturzwinkel ab und jagt im Tiefflug auf Heimatkurs.

Bestürzt stellt er fest, dass die Me zunehmend linkslastig wird. So stark, dass sie in eine Rolle drehen würde, wenn er nicht das Querruder zur Verfügung hätte. Der Arm ist wie gelähmt. Der Obergefreite denkt an eine Bauchlandung.

Jedoch ist nirgends eine Fläche auszumachen, die eine Aussicht für eine sichere Notlandung verspricht. Hügeliges Weideland, Waldkuppen und eingefurchte Talsenken.

Und doch muss er runter.

„Ich kann die Maschine nicht mehr halten. Zum Aussteigen bin ich bereits zu tief. Wenn ich auch nur ein paar 100 Meter an Höhe gewinnen will, schmiert sie mir über die Fläche ab."

Der Obergefreite betätigt die Notentriegelung der Kabine, die sofort wegfliegt.

Die geschwollene, schmerzende Hand drosselt die Drehzahl.

Eine freie Stelle taucht hinter einem Waldgebiet auf. Ein Acker, der in einem stumpfen Winkel an den Waldrand grenzt. Mehrere 100 Meter dahinter ein Schuppen, eine Strohmiete und quer dazu eine lange Birkenallee.

Der Rumpf der Messerschmitt klatscht auf, der Kühler pflügt durch den weichen Boden und reißt schließlich ab.

Die Anschnallgurte schneiden schmerzhaft in die Schultern, aber halten den vorschleudernden Oberkörper fest. Dem Obergefreiten kommt die Bauchlandung endlos vor.

Die Me 109 G schlittert auf eine Birke zu.

Die rechte Tragfläche rammt den weißlichen Stamm, dreht sich um den umkippenden Baum. Die Fläche knickt weg, der Rumpf schleudert zur Seite und hängt quer über dem gesplitterten Birkenstamm.

„Die Zündung!", blitzt es Lausch durch den Kopf.

Er reißt den Schlüssel heraus und stemmt sich hoch. Sterne tanzen vor seinen Augen, als er sich am Rumpf hinabrutschen lässt.

Taumelnd entfernt er sich von der zerschlagenen Maschine. Nach einigen Dutzend Metern machen seine Beine nicht mehr mit. Es wird dunkel um ihn.

Er spürt nicht mehr, wie einige Bauern ihn hochheben und zu einem Haus bringen.

Rosenau ist allein. Eine Mischung aus Ärger und Enttäuschung macht sich in ihm breit. Kein Flugzeugführer seines Schwarms ist mehr da.

„Sind sie alle abgeplatzt? Oder hat es alle drei erwischt?"

Das volle Ausmaß der Tragödie wird Rosenau erst später erfahren.

Er hat keine Zeit, den Himmel nach den drei verschwundenen Maschinen des zweiten Schwarms abzusuchen.

„Indianer – Hanni 9.000!"

Auch er hört die alarmierende Durchsage.

Seine Augen überblicken den Himmel.

„Tatsächlich, da heben sich eine Menge Punkte gegen den Himmel ab."

Noch sind es einige Kilometer Abstand zwischen ihm und der Meute der Feindjäger, die gleich in die große Jagd eingreifen werden. Aus der Sonne heraus nähern sie sich und schwenken zum Angriff ein. Soviel Erfahrung hat Rosenau, um zu wissen, dass er sich nach dem Angriff so schnell wie möglich absetzen muss. Sich allein auf eine Kurbelei mit den Feindjägern einzulassen, wäre grenzenloser Leichtsinn.

Eiskalt schätzt der Oberleutnant die Lage. Dann fällt die Entscheidung, welchen Bomber er angreifen wird. Ein einzelner Bomber quält sich 200 Meter hinter einem Pulk, um Anschluss an seinen Verband zu behalten. Der feindliche Flugzeugführer scheint nervös zu sein. Die Flächen schaukeln hin und her. Rosenau hat seine Chance sofort erkannt. Eine B 17, die angeschlagen ist. Diese günstige Gelegenheit bietet sich nicht oft. Der Oberleutnant flacht die Sturzkurve ab. Er geht ganz dicht heran. Ein kurzer Feuerstoß, das ist sein Stil. Daran hat er sich stets gehalten und den Erfolg auf seiner Seite gehabt. Seine Augen fixieren die Stelle, die zwischen Rumpfnase und Tragflächen liegt, dann schätzt er den Vorhalt. All das vollzieht sich in ein, zwei Sekunden, läuft mehr aus Erfahrung als mit Überlegung ab.

Ein kurzer Feuerstoß kreuzt die Leuchtspur der gegnerischen Abwehrgarben.

Von der Viermotorigen lösen sich Teile und flattern weg. Der Bomber dreht sich nach der Seite. Die Tragfläche klappt weg.

Mehr kann Rosenau nicht erkennen. Schon ist er zwischen ein paar wirbelnden Aluminiumfetzen hindurch.

Er bricht den Kampf ab, jagt im Sturzflug auf eine Flusswindung zu und fängt die Me 109 ab. Neben dem Trimmrad steckt eine Karte.

„Hier ist der Fluss, die Saale. Und da, unverkennbar, die scharfe Windung."

Der Rest ist Routine.

Er kurvt ein und jagt im Tiefflug Richtung Norden.

Als er seine Me auf dem Fliegerhorst neben einer sichtlich defekten Messerschmitt abstellt, erfährt er, dass von seiner dritten Staffel erst die zweite Maschine zurückgekehrt ist.

Kein gutes Zeichen.

Leutnant Amboldt bemerkt eine herabstoßende Mustang. Er reißt seine Me 109 in eine Steilkurve, so eng, dass es ihm schwarz vor Augen wird.

Die Amerikaner schießen und feuern mit allen Bordwaffen und ziehen in einer engen Abfangkurve sofort nach.

Amboldt versucht sie zu zählen. Es sind über ein Dutzend. Plötzlich hängt 20 Meter neben ihm eine Mustang. Auf gleicher Höhe zieht die P 51 vorbei. Deutlich erkennt er das Gesicht des Amerikaners. Eine Drehung über die rechte Fläche, aber die Mustang zieht so scharf nach rechts weg, dass es aussichtslos ist ihr nachzusetzen.

Der Leutnant drückt seine Me 109 an. Die Fahrt steigert sich. Er sieht sich um. Sie kommen wieder. Hinter dem Leitwerk nähern sich die Angreifer.

Es sind mindestens vier Stück.

Plötzlich brennt eine Mustang. Amboldt kann nicht beobachten, wer ihm einen Angreifer hinter seinem Leitwerk weggeschossen hat.

Die anderen drei P 51 sind für Sekunden verwirrt.

Er stürzt und versucht die Gelegenheit zu nutzen.

Doch da sind schon die nächsten Feindjäger.

Verzweifelt slippt Amboldt nach rechts. Er sieht, wie einige 100 Meter vor ihm eine Messerschmitt im Sammelfeuer von vier Mustangs förmlich auseinanderplatzt.

Der Leutnant sieht sich den vielen Feindjägern allein gegenüber. Niemand von der dritten Staffel ist da.

Etwa 1.000 Meter rechts taucht von vorn ein weiterer Schwarm Feindjäger auf. Verfolger im Nacken, Angreifer von vorn. Er ist in der Zange.

Amboldt sieht nur noch eine Chance – Notleistung – Kopfstand – enge Sturzspirale – waghalsiger Tiefflug. Die einzige bewährte Notbremse in dieser Lage.

Die Gegner können tatsächlich abgeschüttelt werden.

Im Tiefflug geht es für Leutnant Michael Amboldt auf Heimatkurs.

Als er über ihrem Platz ist, erkennt er zwei weitere Messerschmitt, die gerade einschweben.

Er erkennt ihre Nummern und weiß nun, dass es sich um Unteroffizier Schlüter und den Gefreiten Marx handelt.

Amboldt verspürt unbezähmbare Freude.

Wenigstens drei Maschinen des dritten Schwarms sind wieder Zuhause angekommen.

Ende

Ihre Zufriedenheit ist unser Ziel!

Liebe Leser, liebe Leserinnen,

hat Ihnen unser Buch gefallen? Haben Sie Anmerkungen für uns? Kritik? Bitte zögern Sie nicht, uns zu schreiben. Wir werden jede Nachricht persönlich lesen und beantworten.

Schreiben Sie uns: info@ek2-publishing.com

Wussten Sie schon, dass Sie uns dabei unterstützen können, deutsche Militärliteratur sichtbarer zu machen? Bitte nehmen Sie sich einen Moment Zeit und bewerten Sie dieses Buch online. Viele positive Rezensionen führen dazu, dass das Buch mehr Menschen angezeigt wird.

Sie können somit mit wenigen Minuten Zeitaufwand unserem kleinen Familienunternehmen einen großen Gefallen tun. Vielen Dank für Ihre Unterstützung!

PS: In seltenen Fällen kommt ein Buch beschädigt beim Kunden an. Bitte zögern Sie in diesem Fall nicht, uns zu kontaktieren. Selbstverständlich ersetzen wir Ihnen das Buch kostenlos.

Landser im Weltkrieg – „**10,5 cm**" erscheint im Monat November als E-Book und Taschenbuch überall, wo es Bücher gibt!

Mit hundertfach geübten Handgriffen werden die schweren 10,5 cm Geschütze in die Richtung gedreht, aus der die feindlichen Flugzeuge anfliegen. Die Richtschützen drehen dabei wie wild an ihren Richträdern, um die Geschütze auszurichten.

Die Spannung im Batterieleitstand steigt.

Auch Seegers ist angespannt, aber er versteht es nach außen eine unerschütterliche Ruhe auszustrahlen.

„Ob die Briten wohl den geteilten Kurs beibehalten? Was hat es wohl damit auf sich? Wollen sie zwei unterschiedliche Ziele angreifen oder wollen sie uns in die Zange nehmen?", überlegt Seegers, während er angespannt immer wieder durch sein schweres Zeiss-Nachtglas in den dunklen, sternenklaren Nachthimmel starrt.

Auch der Flak-Offizier Leutnant zur See Johannes Vogt beobachtet den Himmel in der Richtung, aus der die Feindflugzeuge kommen müssten. Noch ist jedoch nichts zu hören und schon gar nichts zu sehen.

Keine Neuerscheinung verpassen und gratis E-Book sichern!

Tragen Sie sich in den Newsletter von EK-2 Militär ein, um über aktuelle Angebote und Neuerscheinungen informiert zu werden und an exklusiven Leser-Aktionen teilzunehmen.

Als besonderes Dankeschön erhalten Sie <u>kostenlos</u> das E-Book »Die Weltenkrieg Saga« von Tom Zola. Enthalten sind alle drei Teile der Trilogie.

Link zum Newsletter:
https://ek2-publishing.aweb.page

Über unsere Homepage:
www.ek2-publishing.com

LANDSER IM WELTKRIEG

KAUFEN!

Direkt zur Serie:

Eine Veröffentlichung der EK-2 Publishing GmbH

Friedensstraße 12
47228 Duisburg
Registergericht: Duisburg
Handelsregisternummer: HRB 30321
Geschäftsführerin: Monika Münstermann

E-Mail: info@ek2-publishing.com
Homepage: www.ek2-publishing.com

Cover/Umschlag: Kayla Pelgrim
Autor: Hermann Weinhauer
Lektorat: Martina Wehr
Buchsatz: Heiko Piller

1. Auflage

Druckhinweis:

Libri Plureos GmbH

Friedensallee 273